PARCOURS
DE FEMME

PARCOURS DE FEMME

DE L'ADOPTION
AUX RETROUVAILLES

Henriette Labarre

 Éditions de Mortagne

Données de catalogage avant publication (Canada)

Labarre, Henriette, 1946-

Parcours de femme : de l'adoption aux retrouvailles

Autobiographie.
Comprend des réf. bibliogr.

ISBN 2-89074-886-9

1. Labarre, Henriette, 1946-   . 2. Identité (Psychologie). 3. Parents
naturels - Québec (Province) - Identification. 4. Adoption - Québec (Province).
5. Adoptés - Québec (Province) - Biographies. I. Titre.

HV874.82.L32A3 1996   362.82'98'092   C96-941055-7

Édition
Les Éditions de Mortagne
Casier postal 116
Boucherville (Québec)
J4B 5E6

Diffusion
Tél.: (514) 641-2387
Téléc.: (514) 655-6092

Dépôt légal
Bibliothèque nationale du Canada
Bibliothèque nationale du Québec
Bibliothèque Nationale de France

4e trimestre 1996

ISBN: 2-89074-886-9

1 2 3 4 5 - 96 - 00 99 98 97 96

Imprimé au Canada

À mes enfants
et à tous les enfants de la terre,
car c'est par eux que nous viendra
la paix.

Il était une fois une histoire, qui voulait être racontée.

Selma Lagerlof
Prix Nobel de littérature 1909

Table des matières

PREMIÈRE PARTIE

(1945-1972)

L'amour est enfant de Bohème
qui n'a jamais, jamais, connu de loi.
Carmen, Bizet.

Chapitre un

LA NAISSANCE

*Ceux qui espèrent alternativement
soit une survie incompréhensible...,
soit un néant rassurant...*
Proust

ROBUSTE, MA TANTE, FACILEMENT, ME SOULEVA. Avec ce qu'il me restait de forces, je me débattais, je m'agrippais au lit, au couvre-lit violet que ma mère aimait tant.

Elle m'arracha du lit, me sortit de la chambre, me posa sur mes pieds, prit ma main.

Et, de sa voix bègue, elle termina lentement :

— Ta maman a trop de mal pour que tu restes près d'elle.

Debout devant la porte qu'elle referma derrière elle, j'arrivais à peine à distinguer, de mes yeux embués de larmes, la rampe familière. D'une main ferme, tante Irène m'entraîna vers la cage d'escalier. Si Rose, ma mère, décidait de mourir ou si on l'emmenait chez les fous, me faudrait-il subir tante Irène? Elle était tellement différente de ma mère Rose, si belle, si féminine. Avec son visage sillonné de couperose, Irène me rebutait. Sa maison triste où tout était mis sous clef, le regard de fouine de son mari édenté qui battait ma cousine Claire, tout cela me révulsait.

Je fixai la porte close et je regardai l'escalier de bois verni, glissant. Mes cousins couraient en bas et me jetaient des regards que je jugeais niais, stupides.

Je me sentais à nouveau si seule, si absolument seule. Je contemplai le vide. Un vide peut-être capable de combler mon désespoir d'enfant à nouveau abandonnée... Mourir... Ma jeune vie défila dans ma tête...

***

Ma vie a commencé dans le ventre de ma mère, au temps de la canicule de l'été 1945, au cœur d'un petit village de bord de mer. D'un amour impossible, je pris forme. Presque palpable, la voix de mon père me parvient :

Quand j'arrivais tôt le matin, elle était déjà là, à la cuisine. Elle, Élyse, était là, matin après matin, tentante comme ses pâtés, comme ses gâteaux. Mon grand corps était heureux lorsque je m'approchais d'elle. Heureux du bonheur qu'une femme peut donner à un homme. J'inventais des prétextes pour effleurer ses rondeurs de femme qui gonflaient son tablier. J'imaginais des subterfuges pour frôler, pour toucher sa peau fraîche et chaude à la fois. Je sentais que je lui plaisais. Mes matins étaient délices, mes nuits espoirs.

Boudinée dans des robes en tissu épais, ma femme n'était ni jolie ni invitante. Si seulement elle avait parfois consenti à me recevoir entre ses jambes sèches, je jure que j'aurais été capable de fuir Élyse. Nous serions demeurés «best friends».

Un après-midi chaud et humide, je buvais lentement, très lentement l'eau glacée qu'Élyse me servait : eau glacée - eau de feu dans mes veines gonflées de désir.

Je saisis sa main et en embrassai la paume. Puis la peau fine qui palpitait au creux de son cou, son ventre, ses cuisses.

«Le délai que j'accordais à l'assouvissement de mes convoitises, avec les mois, me rendit fou d'amour pour elle[1].»

Un soir, à la brunante, j'escaladai la fenêtre de sa chambre. Je voulais dormir auprès d'elle, me réveiller près d'elle. Je voulais lui faire connaître le ravissement... Et malgré mes quarante ans, oubliant les règles élémentaires de prudence, je m'assoupis en elle.

$$***$$

En écho et immuable comme une marée montante, ma mère murmure :

Depuis des mois, il arrivait tous les matins, grand et fier, fort et souple, tendre et doux. J'ai résisté longtemps, questionnant mon éducation, luttant contre moi-même.

Sa seule présence donnait joie à mon cœur et à mon corps.

Après son travail, par une soirée de juillet humide et orageuse, il hésita à rentrer chez lui. J'avais préparé à son intention une limonade rafraîchissante. Il proposa d'y ajouter quelques gouttes d'alcool. J'aurais dû refuser, me barricader, courir me jeter à la mer. Mais cet élixir n'a fait que précipiter un événement qui devait se produire tôt ou tard.

Tout était calme : la mer, la nature, les êtres. Tout était silencieux, comme si tout s'écoutait vivre. Temps d'être, temps de grâce. Peurs et lois s'évanouirent. Il n'y avait que lui, puissant et doux.

Ses mains lentes visitaient mon corps de vingt ans, son sexe ferme me frôlait sans me pénétrer, sa bouche gourmande s'attachait à ma peau. «Ses caresses m'ensorcelaient, m'amenaient à toutes les capitulations[1].»

D'en bas nous parvenaient les bruits de la maisonnée. Tout à coup, on m'appela; je m'affolai, il disparut.

Une fois, sa vie resta sur mon ventre. Je m'en frictionnai.

Un soir, mon corps innocent se pressa très fort contre lui. Je voulais me connaître; je voulais le connaître. Résistant quelques instants, il céda, et à grands coups de notre bonheur, il s'apaisa en moi. J'avais rejoint l'extase, j'avais communié à l'infini.

Marie-France allait naître, enfant de la passion et de l'amour.

✳✳✳

Élyse, fille-mère! Déshonneur familial! Une seule hâte : cacher cette fille fautive et ingrate.

La mère d'Élyse entra dans une colère interminable, répétant entre ses dents : «Mauvaise fille! Méchante fille!» Le père d'Élyse, lui, ne ne sut jamais rien de son état. On expédia la pécheresse à la grande ville pour qu'elle y attende son terme. Un frère d'Élyse, marié et sans enfants, songea à adopter le petit être, mais la grossesse attendue de son épouse dissipa complètement ce projet. Le bébé d'Élyse ne trouva pas asile dans la famille.

Pourtant, on n'était plus au temps des sorcières de Salem pour brûler sur le bûcher les femmes qui s'écartaient de la loi des hommes. On n'était plus à l'époque du Christ pour lapider la femme adultère. Le crime d'amour n'était certes pas passible de prison, mais c'est une prison que l'on érigeait dans le cœur des filles-mères; une prison de chagrin secret, de honte acide, de culpabilité, d'opprobre, voire d'ostracisme. Comment Élyse espérait-elle pouvoir garder son enfant, vivre avec lui en tolérant d'être pointée du doigt, son enfant étiqueté «bâtard», tous deux exclus, bafoués. Avant même de naître, la réputation de son enfant était déjà entachée, son avenir hypothéqué.

Pressions sociales, pressions familiales! Ma mère signa l'acte par lequel elle consentait à l'adoption. Quelques jours plus tard, douloureusement, elle se séparait de moi. Double déchirement, car en se séparant de moi, elle se séparait aussi de lui, mon père, son premier amour.

Pour le bonheur de toucher chaque jour son enfant, ma mère avait d'abord accepté de travailler à la crèche. Torture inhumaine, car chaque matin, chaque soir ramenaient les insoutenables questions : Pourquoi mon bébé n'est-il pas encore choisi? Sera-t-il seulement choisi? Trouvera-t-il un foyer?... Mais aussi : Aujourd'hui sera-t-il la dernière journée où je verrai mon enfant?

Valait mieux qu'elle parte. Vite! Tout de suite! Jeune, son bébé aurait beaucoup plus de chances de trouver une famille.

Ma mère retourna donc vers sa mer...

***

Alors j'ai pensé que j'allais mourir.

J'étais seule.

Absolument seule.

J'étais suspendue dans un univers noir, glacé, hostile.

Recroquevillée dans mes langes souillés, immobile pour conserver ma chaleur, j'entendais autour de moi le bruit de centaines de pas, je distinguais de nombreuses silhouettes blanches. J'attendais, sans savoir que j'attendais.

Pendant des jours et des jours, des dizaines de mains indifférentes me distribuèrent une nourriture froide, inodore, insipide.

Aucun point de référence!

Le monde m'apparaissait inhospitalier, cruel.

Je pouvais choisir de retourner à la solitude du Seul...

Un jour, ou peut-être une nuit, dans un hoquet de chagrin, mon instinct amena mon pouce à ma bouche. Je le suçai avidement, longtemps, béatement.

Je venais de découvrir un plaisir, un nirvana accessible à volonté.

Peut-être mon corps, cet infiniment petit, avait-il conservé la mémoire de Celui qui nous a créés dans un apocalyptique plaisir.

Peut-être le plaisir qui m'avait formée dans le ventre de ma mère me donnait-il l'intuition que la vie offrait d'autres plaisirs.

Peut-être cette intuition était-elle une forme de foi en l'avenir.

Chose certaine, je m'apaisais, je m'endormais. Je rêvais. Je rêvais que la vie était bonne, qu'elle serait encore meilleure demain.

Je survivais!

***

Un jour, Rose est venue nous rendre visite. Nous étions tous un peu prisonniers derrière les barreaux blancs de nos couchettes. Plusieurs d'entre nous ne pleuraient plus, ne souriaient plus : donnés, ils s'étaient «aban-donnés» eux-mêmes.

Rose était venue seule. Henri lui avait dit : «Ton choix sera le mien.» Escortée par une religieuse, elle circulait entre les berceaux.

Oh, je le jure! J'ai senti sa chaleur à dix pas. J'ai su alors que je n'aurais plus jamais froid, que je ne serais plus jamais seule. De tous mes sourires, je lui fis le plus charmant. Entre elle et moi, aussitôt, un pacte fut scellé, pour la vie.

Ainsi, au temps de la canicule, dans la touffeur d'une journée de l'été 46, je quittai la crèche.

Blottie, lovée au creux des bras de ma nouvelle mère, l'oreille collée sur sa poitrine, je m'appliquais à reconnaître les battements de son cœur, sa voix pleine de chansons. Ah! les chansons de ma mère!

Dans le noir angoissant de mes premières nuits chez elle, sa seule odeur flottant autour de mon berceau suffisait à me consoler. Au fil des jours, je réagissais joyeusement aux couleurs familières de ses vêtements.

J'étais le bébé le plus heureux de la terre : *elle m'avait choisie.*

J'avais envie de respirer, de grandir, de vivre. Elle me donnait raison d'avoir cru en la bonté de la vie. Et ma vie à moi, j'étais prête à la donner pour elle.

De son côté, Henri donnait sa vie pour moi, pour elle, un peu chaque jour! Au travail, chaque matin, il se faisait un point d'honneur d'amener le pain sur la table.

Henri n'était pas très habile avec un bébé. Ayant connu violence plus que tendresse, il exprimait difficilement ses sentiments à mon égard. Mais s'il rendait Rose heureuse, j'étais comblée. De cela, et de bien d'autres choses, je lui étais reconnaissante.

Mais ceux qui ont le pouvoir de nous rendre très heureux ont aussi le pouvoir de nous rendre très malheureux. C'est ce qui se produisit entre ma mère et lui, et ce qui provoqua aussi le drame de mes quatre ans.

Chapitre deux

LE DRAME
DE MES QUATRE ANS

Au milieu de l'hiver,
j'ai finalement appris
que j'avais en moi un invincible été.
Albert Camus

LA MAISON D'HENRI ET DE ROSE appartenait à l'un de ces villages pleins de charme qui s'égrènent en chapelet le long des berges du bas du fleuve. Avec ses volets rouges et sa galerie blanche, elle semblait sourire. Solide au milieu des rochers, la maison de mon enfance faisait l'envie des touristes qui s'arrêtaient pour la photographier.

L'été, grillons et cigales montaient inlassablement la garde le long du sentier qui s'ouvrait sur les marches accrochées à la galerie. Une faible poussée faisait joyeusement claquer la porte moustiquaire. Deux pas : la salle à manger; trois autres : le living; puis, magnétisé, vous vous laissiez aller contre la balustrade de la véranda. Là, en bas, au pied de la falaise, le fleuve. Odeur de grève, cadence des vagues, croassement des corneilles, la légende vous envoûtait.

Ainsi, pendant les longues soirées d'hiver, assise sur les genoux de ma mère dans une «berçante» qui grinçait, j'écoutais mon grand-père raconter la légende du cheval noir de L'Islet. Cette histoire si étroitement liée à notre maison me captivait, me fascinait. Baignée dans la chaleur ronronnante du poêle, protégée par les larges épaules de mon père, je ne craignais rien. J'étais aux premières loges d'un féerique spectacle, orchestré et limité par ma seule imagination.

Wilfrid, mon grand-père, entamait son histoire en même temps qu'une nouvelle pipée.

Il n'y a pas toujours eu d'église ici, à L'Islet, vous le savez; il n'y avait d'abord qu'une petite chapelle de bois rond. Ce n'est pas d'hier. Mes grands-parents avaient à se rendre au Cap St-Ignace pour faire leurs Pâques, pour se marier, pour faire baptiser leurs enfants ou se faire enterrer. Le seul prêtre des environs – un missionnaire ambulant – vivait là quand il n'était pas ailleurs, voyageant le sac au dos comme le plus humble des mortels.

La nouvelle courut, un bon jour, que nous aussi, nous aurions notre curé. Grande joie dans toute la paroisse! Mais, mon Dieu, comme il fallait que le nouveau curé soit étoffé. Pas d'église, pas de maison pour lui. Mais il était l'humilité même, sans vanité et quel bon cœur, ce M. Panet, notre premier curé. Les prêtres sont bons, mes amis, mais M. Panet était un saint homme, mais un vrai saint, celui-là. On avait décidé de bâtir l'église, et M. Panet se demandait comment on pourrait faire charroyer la pierre nécessaire. Il veillait une nuit et pensait : «Les chevaux sont si rares et il n'y a pas de morte saison pour les travaux de la terre. Où en trouver?» Cela l'empêchait de dormir. Tout à coup son nom fut prononcé dans la nuit. «Ai-je la berlue?» se demanda-t-il.

La même voix l'appela une seconde fois, une voix de femme, très doucement : François, François!

Effrayé, – mais il se dit en lui-même : Je suis en état de grâce. Il n'y a donc rien à craindre. Il répondit : – Au nom de Dieu, que me voulez-vous? Une belle dame lui apparut, blanche et rayonnante. – Je suis Notre-Dame du Bon Secours, lui dit-elle. Ne crains rien et sois confiant! Demain, à ton réveil, tu trouveras un cheval devant ta porte. Sers-t'en pour charroyer la pierre de ton église. La seule précaution, c'est qu'il ne faut jamais le débrider. N'oublie pas!

Elle disparut, et le bon curé tomba endormi dans sa chaise. Il se réveilla à l'aurore, en sursaut. C'était en mai 1768. Le soleil éclairait déjà sa chambre. Il se souvint de l'apparition, mais il crut que c'était un rêve. S'agenouillant pour faire sa prière, il entendit le piaffement d'un cheval, dehors. Il regarda par la fenêtre et vit, attaché à l'épinette, devant sa porte, un magnifique cheval noir dont le poil luisait au soleil. Quelle surprise! Il se passa la main sur les yeux. Mais le cheval était encore là. Il sortit à la porte et lui mit la main dans la crinière. Le cheval en frémit, de la tête aux pieds.

Les ouvriers arrivèrent à cinq heures.

— Mes amis, dit M. Panet, j'ai emprunté un cheval pour vous. Il paraît que c'est une bête peu commune. Il vous aidera à charroyer la pierre.
On le dit chatouilleux. Mais faites-y attention! Il ne faut pas le débrider, jamais, vous entendez? Autrement, il vous échapperait.

— *Comment s'appelle-t-il, votre cheval, M. le curé? demanda Germain-à-Fabien.*

Après un moment de réflexion, le curé répondit :

— *Il s'appelle Charlot. Je te le confie, mon Germain!*

— *N'en soyez pas inquiet, M. le Curé.*

On attela Charlot à un petit chariot à roues très basses, et l'ouvrage commença. Bien que le premier voyage de pierres fût assez gros, Charlot s'en allait comme s'il n'avait eu qu'une plume derrière lui. Le curé, les voyant arriver, leur cria de ne pas se gêner, de mettre lourde la charge. Le deuxième voyage fut deux fois plus lourd; le troisième, trois fois. Ce n'était rien du tout pour Charlot, mais le chariot n'était pas assez fort. Les hommes en firent un deux fois plus grand, et ils y entassèrent les pierres comme si elles avaient été du foin. Les roues craquaient. Mais Charlot semblait se moquer d'eux; il touchait à peine la terre en marchant.

— *Quel cheval, mes enfants, que ce Charlot! Noir comme geai, pas un poil blanc, quatre pattes parfaites, et membré de fer, donc! Et une queue qu'il portait haut, une croupe superbe. Mais – car il y a toujours un mais – de mauvaise humeur, méchant de la gueule. Il fallait y faire attention. Peu importe, puisqu'on n'avait pas à le débrider.*

Germain ne laissait pas les autres s'approcher de son cheval. Mais un jour, il ne put pas venir. Il faisait baptiser. Charlot passa donc aux mains de Rigaud-à-Baptiste.

Rigaud était un bon travailleur, mais entêté et se croyant plus futé que les autres. Puis vantard! À l'entendre, il savait tout. Son cheval, il ne lui manquait que la parole; sa vache, c'était une fontaine intarissable – son lait était de la crème pure; ses cochons engraissaient seulement à se chauffer au soleil; son chien était plus fin que bien du monde; ses poules pondaient deux œufs chaque jour, les dimanches comme la semaine; sa terre était si fertile que le seul soin nécessaire était pour la retenir; sa femme faisait les meilleures crêpes; sa fille avait refusé tous les farauds des alentours; elle attendait un avocat de la ville, qui devait toujours se présenter, mais n'arrivait jamais. Et dame! quel maquignon lui-même il était! La moitié d'un cheval, quoi!

Aujourd'hui, il avait sa chance. Charlot était à lui, son cheval. On l'entendait partout: «Hue donc! Par ici, mon cheval! Par là.»

Germain l'avait averti: «Surtout ne va pas le débrider.» Mais Rigaud de répondre: «Ne t'inquiète pas, mon Germain! Les chevaux, ça me connaît!» Donc, Rigaud jubilait en charroyant de la pierre.

C'était en août; il faisait chaud. En traversant la rivière La Tortue, Rigaud arrêta son cheval au milieu, et but deux fois dans le creux de sa main. Il siffla, mais Charlot ne voulait pas toucher à l'eau.

— C'est curieux! qu'il pensa. Peut-être est-ce à cause de sa bride. Si je la lui ôtais... Qui a jamais vu un cheval boire avec sa bride! Ça prend bien un curé pour si peu connaître les chevaux!» Il lui passa la main dans la crinière, pour l'amadouer. Charlot en frémit. Et voilà la bride débouclée.

Pou...i-i che!...ch! Le cheval, libre de toute entrave, partit à l'épouvante. Lancé quinze pieds en l'air, Rigaud se ramassa dans le lit de la rivière. Revenu à lui, il aperçut le cheval qui filait comme le vent le long du chemin du roi.

M. Panet, le curé, s'en revenait à ce moment chez lui, tête nue. C'était son habitude quand il allait porter le bon Dieu à un malade. Il vit venir le cheval près du rocher où se dresse maintenant «Le monument» et eut tôt fait de le reconnaître.

— Charlot lui-même! Mais, allons donc, qu'est-ce qui est arrivé?

Il fit un grand signe de croix pour l'arrêter, mais Charlot se cabra et, quittant le chemin, piqua droit au nord vers le rocher qui surplombe le fleuve. Le rocher se fendit alors en deux dans un grand coup de tonnerre. Des flambes léchèrent le bord de la fissure, large de plusieurs pieds. Et le diable – car c'était lui – s'engouffra tout droit dans l'enfer, laissant derrière lui une odeur de soufre.

Grand-père s'arrêtait. Il avait l'art des pauses, ce conteur. Il se prenait même un peu au sérieux. Par le drame ou le rire, il séduisait son auditoire, souvent composé de «créatures».

S'approchant du poêle, il cognait sa pipe pour la vider sur les braises. Le silence, rompu par le sifflement de la bise et le grincement régulier de la chaise, s'installait...

Derrière mes paupières lourdes de sommeil, des images se formaient, plus puissantes que celles qu'aucun écran ne pourra jamais fournir. Les histoires de mon aïeul, bon conteur, valaient bien plusieurs séances de cinéma.

Chacun de nous savait bien que ce rocher fendu, tourné vers le nord, était celui sur lequel s'adossait notre maison. Toute légende qu'il fut, ce récit, chaque fois qu'il était raconté, faisait frissonner des reins aux omoplates. Le trou existait bel et bien là, à quelques mètres et il pouvait faire l'envie de tous les sites d'enfouissement de Montréal. Il était impossible de le combler, de le niveler. Peut-être ne voulait-on pas mettre trop d'énergie à le remplir! Car, à L'Islet, on a un penchant traditionnel à croire aux merveilles et aux sortilèges.

Ces précieux instants d'émoi s'estompaient cependant quand on songeait que cette maison, qui avait été construite par un marin, avait résisté à toutes les tempêtes. De surcroît, elle était riche et forte des êtres qu'elle avait abrités. Le Malin ne pouvait donc rien contre elle.

Le septuagénaire se rasseyait, déposait sa pipe et, accrochant ses pouces à ses bretelles, poursuivait son récit :

Depuis ce jour, il y a là une caverne, dans le rocher : «Le trou du diable» ou encore «La porte de l'enfer». Elle est taillée à la hache dans le roc. Sa gueule noire, tournée vers le nord, défie les gros nordets qui sifflent sans fin, les nuits d'hiver.

Quelqu'un qui regretta la perte de Charlot, ce fut notre bon M. Panet. Non pas qu'il l'aimât outre mesure. Il savait trop bien de quel bois il se chauffait, ce beau cheval de race! Mais il faisait si bien l'ouvrage! Heureusement que sa besogne était à peu près finie : la pierre était presque toute là, en tas arrondis.

Charlot était loin d'être fier de lui, après cette tâche qu'on lui avait imposée. Charroyer la pierre des églises n'était guère un plaisir pour lui. Il paraît qu'il en était à sa dixième. Ce que les contribuables du Québec lui en doivent, une dette! Dame oui! Mais il prit sa revanche contre les paroissiens de L'Islet.

Pendant des années, on ne put passer près de la caverne du rocher sans avoir un accident, surtout la nuit. Des chevaux de passage renâclaient d'épouvante. D'autres butaient et se mettaient à boiter. Une mémoire de la voiture se cassait, ou le bacul ou le porte-faix; ou une roue s'enfonçait jusqu'au moyeu dans une ornière. On y entendait quelquefois des hurlements, ou le cliquetis des chaînes en mouvement. Un animal sauvage – un loup, par exemple – sortait parfois de la caverne en vomissant des flammes. Les jeunes gens n'osaient plus passer par là pour se rendre chez leur blonde, le dimanche soir. Tout cela, c'était la faute du beau Rigaud qui avait débridé le cheval noir. Comme on lui en a voulu! Tant et tant qu'il ne put jamais, de ce jour, regarder un cheval noir en pleine face.

Celui qui passa la bride pour de bon à Charlot, ce fut M. Delâge, le curé qui avait succédé à M. Panet. Comme lui, il eut un rêve, la nuit. La Vierge lui apparut en disant : «Si tu veux délivrer tes paroissiens des maléfices du démon, fait élever une grande croix sur le rocher de la caverne.» C'est ce qu'il fit.

Tout le monde se rassembla un dimanche, en corvée. Quand la grande croix fut dressée, on y vint en procession solennelle. Mgr Mailloux en tête, avec une belle chape dorée. Les membres du clergé chantaient toutes sortes de litanies le long du chemin. Puis on termina la cérémonie par le Te Deum.

Une ou deux fois, je parvins à repousser le sommeil et à entendre la fin de la légende. Sur un ton solennel, grand-père concluait alors :

«Voilà pourquoi on voit encore la croix splendide se dresser sur le Rocher du Monument, à L'Islet[2].»

Ainsi, mon esprit se nourrissait d'images fabuleuses, mon corps, de l'haleine du large et mon cœur, de l'affection de toutes ces bonnes gens.

Au cœur de mon village, cette patrie des marins, un quai s'avançait dans le fleuve, affrontant les vagues et le vent. Lui aussi avait ses souvenirs et sa légende. L'automne, par gros temps, la corne des bateaux lançait un cri lugubre.

Un beau pays : effrayant, mais grandiose.

Mais le plus secret de tous ces lieux se trouvait là-haut, dans notre maison. C'était ma chambrette.

Blottie entre le grenier et l'escalier, minuscule et coquette, elle accueillait mes jeux, mon chat, mes rêves. De sa fenêtre, ronde comme un hublot, j'apercevais mon fleuve, que les vieux du village appelaient la mer. De mon observatoire, je distinguais, bordant la grève, mes rochers : le rocher bleu, le rocher chaud, le rocher plat, baptisés ainsi par l'éloquence de mes quatre ans.

***

Un soir de printemps, aux temps des hautes mers, alors que la famille veillait au salon, Rose fut prise d'un violent malaise qui l'obligea à s'aliter.

Elle se plaignait fréquemment de douloureux problèmes gastriques. Son corps comme son esprit acceptait mal la conduite d'Henri : Henri buvait. Pour boire, tous les prétextes étaient bons : les défaites comme les victoires, les grandes joies comme les grandes peines, les petites aussi! Même un dixième verre ne suffisait pas à étancher sa soif. En fait, c'était le premier qui la déclenchait.

Henri blâmait l'armée qui, disait-il, l'avait incité à boire, là-bas en Angleterre, pour oublier l'éloignement. Maintenant, les longues heures de travail justifiaient les nombreuses consommations.

Sans coup férir, l'argent rentrait. Mais c'était de la présence de son homme dont Rose se languissait. Retardé par un verre, mais aussi absent, abruti par les brumes de l'alcool, Henri la blessait de plus en plus souvent.

N'ayant pas trouvé de solution à son problème, Rose pensa à adopter un enfant. Cheveux bouclés, très noirs, la mignonne enfant choisie, prénommée Henriette, ressemblait à Henri. La fillette devait garder Henri à la maison! En vérité, le bébé ne faisait que retenir davantage Rose au foyer. Henriette recevait donc une double portion d'amour et... payait Rose très bien en retour.

Rose s'enorgueillissait de l'allure de sa fillette. Avec son abondante chevelure de jais et son teint ambré, habillée de couleurs pastels, l'enfant ne passait jamais inaperçue. Il faut dire que madame Midas, la couturière de Rose, se surpassait. Rose exultait. Peu de mères, d'ailleurs, recevaient de leur enfant autant de baisers, de caresses. Un esprit vif doublé d'une nature affectueuse donnait à Henriette la clé du cœur de Rose. Instinctivement, la petite savait comment consoler sa mère de l'absence d'Henri. Chacune était devenue indispensable à l'autre.

Cependant, ce soir-là, les événements prirent pour Henriette une autre tournure.

***

De sa voix toujours autoritaire, Jeannette lança à l'adresse de mon père :

— Henri, appelle le médecin. Rose est très mal!

Du coup, j'interrompis mes jeux pour observer ma marraine.

Jeannette se tenait au milieu de l'escalier, une main sur la rampe, l'autre à la tempe, soucieuse, hésitante, jetant un regard vers le haut, un coup d'œil vers le bas.

Comme elle optait pour l'étage, discrètement, je la suivis.

Je vis ma mère couchée dans le grand lit de la grande chambre d'amis. Je n'entrais presque jamais dans cette pièce, toujours fermée, que l'on gardait prête pour la «visite». La chambre conservait ainsi toujours sa fraîcheur. Mais ce soir-là, éclairée d'une lumière crue, je la sentis glaciale.

Inquiète de voir déjà tante Irène au chevet de ma mère, mais plus inquiète encore d'apercevoir, au creux de l'oreiller, la tête de ma mère s'agiter de droite à gauche, de gauche à droite, je fis quelques pas, poussée par une anxiété nouvelle.

Ce soir-là avait quelque chose d'insolite, d'angoissant.

Quittant les lieux d'un pas sec et claquant, Jeannette annonça :

— J'y vais moi-même, téléphoner au médecin.

Puis elle ajouta, de sa voix qui sait commander :

— Irène, occupe-toi de la petite!

Oh oui! j'avais bien l'intention de me faire toute petite. Je suivis néanmoins tante Jeannette des yeux et aperçus, en haut de l'escalier, Amédée, son mari.

— Est-ce que je peux faire quelque chose? hasarda-t-il.

— Maudite boisson! cria sa femme en le foudroyant de son regard courroucé. En redescendant, Amédée rectifia, d'un air entendu :

— Henri! Eh Henri! Tu ferais mieux d'aller voir Rose!

Étendue, puis subitement redressée, Rose s'allongeait de nouveau. J'avais souvent consolé ma mère par mes embrassements, mais ce soir-là, elle semblait insensible à ma présence. Elle sanglotait.

Dans mon désarroi, je grimpai sur le lit, l'implorant :

— Prends-moi dans tes bras, maman.

Elle continuait à m'ignorer.

— Henri, Henri, répétait-elle.

Je reculai. Rendu gai par la boisson, l'allure un peu éméchée, Henri s'encadra dans l'embrasure de la porte.

— Qu'est-ce que t'as? questionna-t-il.

— J'ai tellement mal! gémit Rose.

— Je le connais, ton mal, reprit-il, devenu sévère.

— Je suis malheureuse, continua-t-elle d'une voix oppressée. Reste près de moi, Henri.

Frustré d'être ainsi dérangé, le visage fermé, Henri tourna les talons en jetant : «Je ne te laisserai pas contrôler ma vie.»

Immobile et impuissante, j'assistais à leur querelle.

Alors, ma mère cria :

— Henri, je vais me tuer!

— Elle est folle, s'exclama Henri à bout de nerfs.

Je recevais leurs paroles comme autant de coups de fouet. Mes larmes jaillissaient, irrépressibles.

Puis, dans une hystérie grandissante, Rose menaça :

— Le quai, le quai! Je te le dis, Henri, je vais me jeter au bout du quai. Henri!... Henri!

— Ce n'est pas d'un médecin qu'elle a besoin, s'impatienta Henri, c'est d'un asile de fous.

Et il sortit.

— Je veux aller avec toi au quai, maman, ma maman, emmène-moi, suppliai-je.

À travers le rideau de mes larmes, je recréais le quai, le fleuve démonté et impitoyable, elle et moi qui allions nous y engloutir. Elle et moi, toutes les deux, pour toujours. Je me jetai sur elle, m'agrippai à elle.

Mais, pour la première fois de ma vie, Rose, ma mère, me repoussa, aveuglément, brutalement. Qu'elle fût malheureuse à vouloir disparaître était horrible, mais qu'elle me repousse, qu'elle refuse même de m'emmener pour disparaître avec elle devenait une torture incommensurable, un tourment démentiel. C'était comme si une main de glace serrait mon cœur entre ses doigts.

Elle m'abandonnait... elle aussi.

J'avais survécu à un abandon, il me semblait impossible d'en traverser un autre.

Accroupie sur le sol, près du lit où gisait ma mère, du fond de mon être je hurlais ma douleur pour en extirper la racine de vie, cette vie qui me faisait tant souffrir. C'était la fin du monde, la fin de *mon* monde; c'était la descente aux enfers, le chaos. Dans ce déséquilibre où se frôlaient la mort et la folie, mon imagination débridée inventait une solution.

Si seulement moi, Henriette, je devenais Henri pour quelques minutes, pour quelques secondes, je consolerais Rose. Je l'empêcherais de mourir, je comblerais son manque.

Le médecin entra; un homme.

— Qui est Henri? s'enquit-il simplement.

Dans un réflexe de survie, mon instinct se manifestait : Henri pourrait empêcher ma mère de mourir. Henri était un homme. Si pour quelques instants, j'étais un homme, je comblerais le vide, je donnerais à ma mère ce qui lui manque. Mais j'étais une petite fille et je ne serais jamais un homme.

— Viens, Henriette, avec tante Irène, dit ma tante tout doucement.

— Non, non, suppliai-je, je veux rester avec ma maman.

— Ta maman est malade.

— Je vais plus pleurer, l'assurai-je.

J'étais prête à tout pour rester auprès de Rose : à endiguer mes pleurs, à me renier moi-même. L'idée de rendre plus grand l'espace qui me séparait d'elle décuplait ma terreur.

— Allez, viens, insistait Irène, penchée vers moi. Le docteur Courcy va la soigner, ta maman.

Pétrifiée de frayeur, j'arrivai cependant à balbutier :

— Je promets, tante Irène! Je serai très tranquille.

Une odeur d'éther émanait de la mallette noire du médecin. Frêle dans son costume beige, ses gestes professionnels semblaient efficaces. Ma mère s'apaisait. Laconique, le médecin interrogea:

— À quand remonte son dernier repas?

Je craignais tout à coup que le calme de ma mère fut celui de la mort.

Robuste, ma tante, facilement, me souleva. Avec ce qu'il me restait de forces, je me débattais, je m'agrippais au lit, au couvre-lit violet que ma mère aimait tant.

Elle m'arracha du lit, me sortit de la chambre, me posa sur mes pieds, prit ma main.

Et, de sa voix bègue, elle termina lentement:

— Ta maman a trop de mal pour que tu restes près d'elle.

Debout devant la porte qu'elle referma derrière elle, j'arrivais à peine à distinguer, de mes yeux embués de larmes, la rampe familière. D'une main ferme, tante Irène m'entraîna vers la cage d'escalier. Si Rose, ma mère, décidait de mourir ou si on l'emmenait chez les fous, me faudrait-il subir tante Irène? Elle était tellement différente de ma mère Rose, si belle, si féminine. Avec son visage sillonné de couperose, Irène me rebutait. Sa maison triste où tout était mis sous clef, le regard de fouine de son mari édenté qui battait ma cousine Claire, tout cela me révulsait.

Je fixai la porte close et je regardai l'escalier de bois verni, glissant. Mes cousins couraient en bas et me jetaient des regards que je jugeais niais, stupides.

Je me sentais à nouveau si seule, si absolument seule. Je contemplai le vide. Un vide peut-être capable de combler mon désespoir d'enfant à nouveau abandonnée...

Mais la main de ma tante tenait solidement la mienne. Il me faudrait désormais apprendre à vivre amputée de ma mère.

Si seulement, j'étais un homme...

Quelques années plus tôt, mon pouce avait constitué une solution. Mais aujourd'hui, il me semblait que tout espoir de salut se résumait à cela : être un homme pour combler tous les manques, tous les vides... Ou alors avoir un homme, tous les hommes. Mais comment? C'est à ce moment que je décidai de ce que serait mon existence : je serais séduction. Mon nouveau pouvoir s'appliquerait à tous, aux femmes tout autant qu'aux hommes. J'emploierais mon intelligence et ma sensibilité à déceler chez chacun des êtres humains rencontrés la façon de lui plaire, de le conquérir, afin de ne plus jamais être abandonnée. Pour être aimée, je deviendrais capable de deviner, de prendre l'enrobage que chacun attendrait de moi. Je séduirais. *Et je le ferais si longtemps que j'en oublierais qui je suis vraiment.*

J'ai oublié les heures qui suivirent. Heures d'agonie qui marquaient la fin de la symbiose vécue jusque-là avec ma mère; heures de délivrance aussi, qui m'amèneraient à une nouvelle existence. J'avais inventé une solution puissante, une formule gagnante à tout coup.

***

Dans la même année, oncle Amédée et oncle Ovila, deux des frères de Rose, voulurent m'adopter.

— Prends le temps d'y réfléchir, Rose, soupira Amédée. Tu as besoin de retourner au travail.

Il présentait ses arguments un à un, tentant de ménager la sensibilité de sa sœur.

— Ce n'est pas ta fille véritable, poursuivait-il. Je suis déjà son parrain et Jeannette l'adore.

Puis, essayant d'apaiser d'éventuels remords, il enchaîna :

— Si tu l'avais vue venir vers moi en courant la semaine où nous l'avons gardée! Elle est tellement affectueuse!

Dans un souffle, le frère de Rose concluait :

— On serait prêts à l'adopter Jeannette et moi.

Rose, qui n'avait manqué aucune syllabe de ce qui avait été dit, prit le parti de faire de l'ironie.

— Amédée, tu blagues? Tu ne peux pas être sérieux! Voyons, tu sais pourtant, toi, ce que c'est que l'amour d'un enfant. T'en as déjà trois!

À la fin de l'été suivant, Henriette revenait d'un séjour d'un mois passé chez Ovila, qui s'était exilé aux États-Unis au début de la guerre.

Sentant qu'il s'approchait du but, Ovila était nerveux et son accent américain devenait plus marqué.

— Tu sais, Rose, Henriette est débrouillarde. Elle a eu une bonne influence sur notre Claudette. Figure-toi que chaque fois que je leur donnais de la *change* pour qu'elles s'achètent du *candy*, ton Henriette mettait un peu de la *change* de côté dans une petite boîte. Et c'est elle qui voulait nous payer la *treat* avant son retour *en Canada*.

Enhardi par le silence de sa sœur, il enchaîna:

— J'ai pris mes informations. L'adoption d'un enfant canadien par un citoyen américain n'est pas si compliquée.

Les yeux bleus de Rose étaient devenus gris acier. De son regard tranchant comme une lame, elle dévisagea son frère aîné. Comment pouvait-il seulement prononcer des mots semblables? Quel tortueux raisonnement lui permettait-il d'envisager une pareille situation? Lui, Ovila, qui connaissait *son grand secret.*

— Éloigne-toi, Ovila, interrompit finalement Rose. Henriette est à moi. Jamais rien ni personne, tu m'entends, ne me l'enlèvera, celle-là!

Chapitre trois

LE SECRET DE ROSE

L'amour est la cause et l'excuse de ses excès.
Jeanne Bourin, *La Chambre des dames*

DANS LE TRAIN QUI L'EMMENAIT VERS L'ABITIBI, Rose regardait d'un œil distrait la neige qui tombait drue.

On était en octobre 1938.

«J'ai vingt ans, et ma mère m'envoie à Rouyn visiter ma sœur qui s'ennuie, s'entendit-elle grommeler tout haut. N'importe qui s'ennuierait dans ce bled perdu. Pas encore d'électricité... Même que la guerre, si elle éclate, ne se rendra pas jusque-là. Un vrai pays de colonisation! Je perds mon temps, je perds ma jeunesse.»

Le sourcil froncé, elle poursuivit sa réflexion silencieuse en soupirant : «La crise est dure pour ben du monde et l'argent rare, difficile à gagner.»

Puis, refermant les pans de son manteau sur ses genoux frileux, sa voix s'éleva à nouveau : «Passe encore qu'Yvonne épouse un veuf avec deux enfants, mais elle aurait pu y penser à deux fois avant d'aller s'installer dans ce pays de froidure.»

***

Yvonne la reçut avec enthousiasme mais sans cérémonie. C'était, au demeurant, une femme effrontée qui ne s'embarrassait ni d'étiquette ni de scrupules, encore moins de subtilités.

Il fallut peu de temps à Rose pour reconnaître la proverbiale générosité de sa sœur : Yvonne astiquait les parquets d'une voisine malade, pendant qu'on se collait quotidiennement les coudes sur sa table de cuisine. Mais Yvonne était ainsi : elle donnait sans penser à elle... sans compter.

Non sans éprouver une certaine gêne, Rose avait remarqué qu'Yvonne se donnait avec autant de prodigalité à ses multiples amants de passage.

Mais Rose ne pouvait pas la blâmer. Yvonne était l'aînée de la famille et elle avait peiné dur. Dans son jeune âge, elle avait été marquée au visage par la ruade d'un cheval, et ses sœurs avaient pris l'habitude de la protéger.

Quelques jours après son arrivée, Rose résolut de s'éloigner de sa sœur, tout de même très déçue de son comportement.

Familière avec le domaine de la restauration, elle alla proposer ses services à l'aubergiste du *Silver Star,* l'hôtel le plus luxueux de la région. Situé rue Principale, le gros édifice, nouvellement construit, offrait à sa distinguée clientèle le luxe suprême : l'eau chaude. Tout y était moderne.

Pour sa rencontre avec le patron, Rose avait fixé sur ses cheveux châtain clair un chapeau à voilette de sa confection. Campé sur le devant de sa tête, légèrement incliné de côté selon la mode du temps, cet accessoire féminin créait le plus bel effet. Elle se présenta, aussi fière que ravissante, et arrêta son regard bleu sur l'homme qui semblait le maître de céans.

Bedonnant, chauve de cheveux et de sourcils, il traversa un hall moins imposant que ne le laissait présager la colossale devanture de l'immeuble.

— Mademoiselle Rose B., je présume?

Se balançant sur ses talons quelques instants, il invita la jeune fille à le suivre vers une sorte de gros pupitre qui servait de comptoir de réception.

— Nous recevons du grand monde ici, mademoiselle Rose. Tenez, le mois prochain, nous accueillerons le baron et la baronne Ampin, qui viennent des vieux pays.

Et, pour enlever à ses paroles toute solennité, il continua en souriant :

— Baron ou pas, ça paie le gros prix. Ça s'attend aux bons vins et au grand service.

Pendant qu'il prononçait ces paroles, ses grosses prunelles roulaient dans tous les sens pour ne rien perdre de ce qui se passait chez lui.

— Vous savez, ces érudits des Europes sont fascinés par nos grands espaces. Ils veulent visiter. Ils achètent des terres, de grands lopins parfois.

Entre chacune de ces dernières phrases, le gros homme passait sa langue sur ses dents, puis la repassait sur ses lèvres luisantes.

Devenu sévère tout à coup, il conclut :

— En autant qu'ils ne construisent pas d'autres auberges dans ma région.

Puis, d'un trait, sans reprendre son souffle :

— Ma femme et moi sommes fiers de notre établissement. Nous tenons à ce que nos gens soient impeccables. La maison fournit un uniforme. Nous n'employons que des gens très propres et en excellente santé. Du reste, un médecin passe ici une fois par semaine et il s'installe dans un de nos locaux. C'est un spécialiste réputé. Les notables de la ville viennent d'ailleurs le consulter. Vous devrez le voir si vous tenez à travailler ici, au *Silver Star*.

Le vendredi suivant, Rose se présenta au médecin «que les notables venaient consulter».

La femme de l'hôtelier pointa un index directif vers un des deux couloirs du rez-de-chaussée :

— Les portes doubles au centre! Vous ne pouvez pas les manquer.

Rose s'engagea dans un corridor long de plusieurs mètres, et propre comme un parloir de couvent. Ses talons claquaient. L'écho répondait. À mi-chemin entre le hall et une sortie secondaire, Rose s'arrêta et frappa à la porte qui se trouvait devant elle. Elle entra ensuite dans une pièce qui avait été transformée en cabinet de

45

consultation. Sur sa droite, une table ronde supportait des monticules de ouate ainsi qu'un récipient où trempaient des thermomètres. Près du mur du fond, une autre table, longue et curieusement plus basse que les tables d'examen habituelles, attira son attention. Mais elle ne s'en préoccupa pas outre mesure et salua d'un signe de tête un homme grisonnant entre deux âges, encore costaud, qui l'observait. Sûr de lui, calme jusqu'à la lenteur, il posa les questions usuelles.

Tout se déroulait normalement jusqu'au moment où Rose, en jupon, étendue sur la longue table d'examen, s'entendit dire placidement :

— Ne vous agitez pas. Je veux simplement vérifier si tout fonctionne bien chez vous.

La braguette ouverte, avec une audace et une non moins déconcertante agilité, l'indigne disciple d'Esculape enjambait lentement, prosaïquement, le corps de Rose.

Preste, elle glissa vers le haut, pivota, se retrouva sur ses pieds, courut vers la porte qu'elle ouvrit et referma en claquant de toutes ses forces.

Tremblant de honte, pleurant de rage, elle laissa s'approcher un jeune homme en uniforme marine.

— Mademoiselle, oh madame, dit-il en trébuchant sur ses mots, pourquoi pleurez-vous? Vous est-il arrivé malheur? Puis-je vous aider?

— J'ai peur de cet homme! finit par articuler Rose en pointant son menton vers la porte.

— Quel homme, madame? s'étonna le jeune homme scrutant du regard le corridor vide. Vous ne vous sentez pas bien?

— Seriez-vous policier? demanda Rose en fixant l'uniforme.

— N'auriez-vous pas plutôt besoin d'un médecin?

Les larmes de Rose s'arrêtèrent net.

— Surtout pas! protesta-t-elle.

— Prenez mon veston, vous tremblez, lui proposa-t-il.

Rougissante et confuse, Rose parvint à articuler :

— Oh! merci! Excusez-moi... pourriez-vous allez reprendre mes vêtements dans la pièce?

Le jeune homme blond, avenant et doux comme un trouvère du Moyen-Âge, revint les bras en portemanteaux.

Portier et livreur de l'hôtel, il avait appris la discrétion et l'efficacité.

Lorsque Rose fut rhabillée, il lui ouvrit la sortie secondaire à l'autre bout du couloir, afin qu'elle puisse dissimuler son visage défait et le désordre de ses vêtements.

Rose fut tout de même engagée pour servir à la salle à manger. Elle se dit que ses belles mains et ses ongles impeccables qu'elle manucurait elle-même chaque semaine avaient plaidé en sa faveur.

Au fil des mois, Rose s'était liée d'amitié avec son sauveur. Loin de sa famille, elle se sentait terriblement esseulée et retrouvait dans les yeux rieurs de Paul Bernier un appétit de vivre sain, réconfortant, consolant.

Lorsqu'elle avait à plier les serviettes de table, Rose s'installait au fond du hall, à gauche de la salle à manger et le jeune homme venait s'asseoir en face d'elle.

Debout près de l'entrée, élégant dans sa livrée galonnée d'argent, il était toujours prêt à bondir au-devant des voyageurs ou encore à effectuer une course. Avec une oreille et deux coups d'œil, il percevait tout ce qui se passait au rez-de-chaussée et il enveloppait Rose de son regard. Ce mois d'avril était si propice aux amours...

Rose avait accès à toutes les clés de la maison.

Après leurs longues promenades, ils se retrouvaient dans une chambre minuscule située en retrait, rarement offerte aux visiteurs.

Deux fenêtres la remplissaient pourtant de lumière. Celui qui choisissait le côté gauche pour sortir du lit se frappait invariablement la tête contre le toit en soupente, et Paul en avait conclu, dans un de ses éclats de rire, que tous les occupants de cette pièce devaient donc se lever du bon pied.

L'endroit choisi par Rose ne risquait pas d'attirer l'attention, et elle se félicitait de ce que leur refuge soit d'un si charmant effet avec ses lucarnes habillées d'un voilage violet.

Avec une fougue jusque-là inconnue, elle se prit à désirer un enfant de cet homme. D'instinct, elle pressentait que venant de cet être naîtrait un être semblable, confiant, heureux, qui lui dispenserait du bonheur pour toujours.

— Je ne voudrais pas te mettre dans l'embarras, Rose, je serai prudent, la rassurait Paul sans peine.

Et de leurs coïts interrompus, l'amour de Rose s'assura d'un fruit en introduisant en elle la vie abandonnée sur le drap.

Avant la fin du mois de mai, Rose «était dans l'embarras».

— Que dirais-tu si je t'annonçais que j'étais enceinte? lui demanda-t-elle un jour.

— Je dirais : impossible! lança-t-il dans un éclat de rire et avec une belle assurance.

Rose n'insista pas.

Elle s'ouvrit à sa sœur.

— Oh Yvonne! Yvonne! Je suis mal prise... J'attends un enfant!

— De qui? questionna aussitôt la femme curieuse.

Ignorant l'interrogation, Rose continua :

— Je redescends à Montréal!

— Si c'est de Gaston Tardif qu'il s'agit, vous pourriez vous marier. Dès la première fois où je te l'ai présenté, j'ai vu qu'il était fou de toi.

— C'est pas de lui.

— Écoute, si tu cherches à t'en débarrasser, je connais des moyens, du monde...

— Jamais! L'enfant sera à moi.

— Le père est-il au courant?

— Il ne veut pas me croire. L'enfant, lui, au moins, ne sera qu'à moi, s'entêta Rose.

— T'es ben toujours aussi orgueilleuse, se résigna Yvonne.

— Ce sera pour l'hiver, ajouta Rose pour elle-même, tout en caressant son ventre encore plat.

— Si j'étais toi, j'en parlerais à Ovila. Il pourrait t'être de bon conseil.

Avec un soupir incrédule, Rose rectifia :

— Je sais pas où le joindre. Il se cache dans le bois depuis des mois.

— Il aime tellement les femmes et la «chose» qu'il doit en sortir plus souvent que tu le penses. Ses expériences pourraient te servir, renchérit Yvonne avec un sourire malin.

Rose se leva pour prendre congé et quitter cette grande maison dont une partie seulement était habitée. Elle embrassa sa sœur en sortant. Le chien, gardien de la demeure, accompagna Rose jusqu'à la route où patientait un taxi. Lentement, Rose s'y installa. Les dernières paroles d'Yvonne lui trottaient dans la tête : «J'ai déjà les deux garçons d'Adélard, mais si c'est une fille que tu as, je serais prête à la garder, à l'adopter même si tu veux. Tout pourrait s'arranger, ma petite sœur!

***

À cause des rumeurs de guerre qui couraient, Ovila se cachait dans les bois, près de la frontière, pour éviter l'enrôlement. Il reçut tout de même de Rose, quelques semaines plus tard, une missive courte et ambiguë.

Ovila se montrait toujours compréhensif et responsable avec ses sœurs, particulièrement avec Rose, de trois ans sa cadette. Il préféra une conversation téléphonique à une lettre.

— Oui, t'as bien compris, Ovila, je suis enceinte.

— Demande au père de quoi payer des vêtements et ton déplacement vers Montréal ou Québec. Même si tu donnes ton bébé en adoption, t'auras besoin d'aide, encore plus si tu comptes le garder.

— Je ne suis pas une prostituée pour demander de l'argent.

— Si tu veux continuer à penser à ta façon, poursuivit, impuissant, le grand frère, fais à ta guise. Mais tu empêches ce gars-là de prendre ses responsabilités.

Rose décida de garder Paul Bernier en dehors de tout cela. C'était son enfant à elle; c'était son secret.

Marcelle vit le jour le 13 février 1940.

Pour éviter le déshonneur à sa famille, Rose demeura à Montréal avec sa petite fille.

Courageusement, jalousement, rageusement même, la jeune mère trimait dur pour assurer leur subsistance à toutes deux.

À bout de ressources, un soir, Rose soutira quelques dollars au tiroir caisse de son patron. La logeuse, autant que le lait pour

Marcelle, ne pouvaient plus attendre. Le restaurateur s'en aperçut et la congédia.

Dans sa détresse, Rose se rappela les paroles d'Yvonne : «...Si c'est une fille je serais prête à la garder...»

Yvonne accepta avec plaisir de garder Marcelle quelques mois, le temps que Rose se fasse une vie à Montréal et qu'elle s'installe.

***

Avec ses gages, Rose s'assura d'un gîte pour elle-même, réussit à payer la pension de Marcelle, tout en s'amassant un petit pécule qui pourrait bientôt leur permettre d'être à nouveau réunies. Elle sortait peu, nouait des amitiés utiles et ne soufflait mot de son secret à âme qui vive.

Un jour, elle vint montrer à l'épicière du coin, qui lui avait rendu plus d'un service, le nouveau manteau, depuis longtemps convoité.

Les yeux ronds d'Adèle s'arrondirent davantage lorsqu'elle effleura le tissu.

— C'est de la qualité, ça! T'as dû le payer le gros prix, ton beau manteau!

Avant que Rose ait pu répondre, une remarque fusa derrière elle:

— C'est vrai que le manteau est beau, mais ce qu'il y a dedans est encore plus beau.

Pétrifiée pendant quelques secondes, le sourire de Rose tomba et son regard glacé rencontra alors les yeux rieurs de son amie Adèle.

Offensée, Rose se retourna et promena son œil outragé sur le petit auditoire avant de sortir dignement, oubliant même de payer son dû à la marchande.

«À la façon dont les deux compagnons regardaient le petit soldat, l'injure devait sûrement sortir de sa bouche», se convainquit la demoiselle insultée tout en martelant le trottoir de ses talons.

Rose se privait maintenant de causer avec son amie, de crainte de voir surgir l'insolent militaire. Adèle la calma.

— Il est gradé. C'est un caporal... un petit gars de Trois-Rivières. Pis quand il a son képi sur le coin de sa tête bouclée, il y en a plusieurs dans les alentours qui ne se feraient par prier. Avec le commerce, je suis bien placée pour tout savoir... J'avoue qu'il a été audacieux, mais Henri ne parle pas souvent; ce qu'il dit, il le pense. Il s'intéresse vraiment à toi, Rose. Tu verras bien quand tu accepteras d'aller souper avec lui. Sois sans crainte... il a du respect pour les femmes.

La jeune femme écoutait, sans conviction. Mortifiée par son secret, une culpabilité omniprésente la complexait. Méritait-elle encore un bon gars, un bon époux? Une honnête famille ne se déshonorerait-elle pas à accepter dans ses rangs une fille avec un enfant, une fille-mère?

Les amis de nos amis devenant nos amis, elle avait finalement ri du premier compliment un peu grossier d'Henri. Il leur fallut très peu de temps pour se connaître.

Rose conservait une appréhension envers des colosses comme son père et Henri, bien droit, bien carré, était lui de petite stature. De surcroît, Rose avait un faible pour les uniformes.

Henri parlait vite et peu, travaillait vite et beaucoup. C'était un homme d'action, d'engagement, de courage, jusqu'à l'entêtement parfois. Rose avait un don : celui de toujours reconnaître les belles âmes. Paul avait été le poète candide et charmant. Henri était le chevalier d'honneur.

Lorsqu'il parla mariage, Rose, portant toujours Marcelle dans son cœur, joua le tout pour le tout et livra son secret.

— Ben, amène-la, ta fille, tiens... Je vais l'adopter!

Le mariage fut fixé au 13 février suivant.

***

Lorsque Rose voulut reprendre Marcelle, Yvonne, profondément attachée à l'enfant, rusait pour gagner du temps. Avec les mois, Rose dut se rendre à l'évidence : Yvonne refusait de lui rendre sa fille. Elle en appela devant les tribunaux et le procès suivit son cours.

Entre temps, un autre bouleversement alarma le cœur de Rose. Le régiment d'Henri, le Royal vingt-deuxième, embarquait pour l'Angleterre. Lors de sa dernière permission en sol canadien, Rose rejoignit Henri à Halifax. Ils s'en allaient réellement tous au combat. Quand elle vit qu'un béret noir avait remplacé le séduisant képi, quand elle remarqua à chacun de ses membres une chaînette gravée à son nom, elle fondit en larmes. Un au revoir au goût d'adieu à l'homme qu'elle pouvait ne pas revoir indemne. Elle eut la permission de passer la dernière nuit sur *Le Mauritania,* le navire qui emmenait les soldats vers les côtes de l'Angleterre. Un coup de feu la tira de son sommeil. Ceux qui tentaient de fuir étaient abattus à bout portant. En temps de guerre, l'armée ne donnait aucune chance aux déserteurs.

Henri était calme; il avait donné sa parole et il arrivait même à dire, sur le ton de la plaisanterie :

— Écoute, ça ne se refuse pas. Si on n'y va pas, c'est eux qui viendront.

Après l'embarquement, submergée d'angoisse et de questions, Rose retourna vers Montréal.

Si elle reprenait Marcelle et si Henri ne revenait pas, se retrouveraient-elles toutes les deux dans la même situation qu'il y a trois ans?

Valait-il mieux, pour l'équilibre affectif de Marcelle, la laisser dans la famille où elle vivait actuellement?

Que dirait la famille d'Henri de cette enfant qui arrivait pendant son absence?

Rose ne se présenta pas à la cour et perdit son procès. Marcelle continua d'appeler Yvonne «maman».

Lorsque Marcelle venait visiter sa tante Rose, j'ignorai pendant fort longtemps que cousine Marcelle était aussi ma grande sœur.

Chapitre quatre

MICHELINE

Malheur à celui qui est seul quand il tombe,
car personne n'est là pour l'aider à se relever.
La Sagesse de Salomon - Apocryphe

J'AVAIS UNE PRÉDISPOSITION POUR LA SOLITUDE.

J'avais à peine 5 ans et Rose, contrariée, très en colère, me dictait ma conduite :

— Tu vas arrêter de faire la sauvageonne! me disait-elle. Tes cousins et cousines s'en viennent, et tu vas me faire le plaisir de sortir tes jouets de leur cachette et de jouer avec eux.

Le cœur gros, je ne parvenais pas à lui expliquer qu'un jouet brisé par l'un d'entre eux serait vécu comme une trahison envers elle et envers Henri. Je préférais donc jouer seule, car je ne pouvais supporter l'idée que les vêtements, les jouets ou tout autre objet qu'ils me donnaient fussent détériorés.

C'est probablement l'expérience de cette souffrance qui m'attira vers Jeanne-Mance. Dans les années 40, une épidémie de poliomyélite avait handicapé plusieurs enfants au Québec. Jeanne-Mance avait contracté cette maladie et était sérieusement hypothéquée. Il n'y avait pas que sa jambe qui était différente de l'autre, Jeanne-Mance elle-même était différente des autres fillettes de son âge. Son corps brisé par la maladie abritait un esprit inventif et observateur. Plusieurs opérations avaient été tentées pour lui redonner un meilleur usage de sa jambe. Une fois, un plâtre qui l'enserrait jusqu'aux aisselles la garda clouée à son lit pendant des semaines. De trois ans mon aînée, elle savait, mieux qu'aucune autre de mes copines, imaginer des jeux et des histoires. C'est même elle, qui, un jour, m'avait fait remarquer en voyant le ventre rebondi de sa mère :

— Tu n'étais pas dans le ventre de Rose, toi, quand tu étais un bébé.

Du coup, je lui demandai :

— Es-tu certaine que tous les bébés sont dans le ventre de leur mère? Moi, j'ai été adoptée.

— C'est bien ce que je dis. Tu étais dans une crèche, répondit-elle d'un air entendu.

Jeanne-Mance habitait à l'autre bout du village, et c'est en courant que je rentrai chez moi ce samedi-là.

Je posai directement la question à Rose. Elle semblait l'attendre. Calmement, elle se pencha vers moi et, avec un sourire tranquille, elle expliqua :

— C'est vrai, tu n'as pas été dans mon ventre. Tu étais à la crèche avec plusieurs autres bébés qui ont perdu leur maman... Je t'ai choisie.

J'ai eu un long soupir de soulagement. J'avais été choisie. Ma mère, Rose, m'avait désirée, aimée, et cela me suffisait, me comblait. Je n'avais plus besoin de savoir dans quel ventre j'avais été... Je n'avais que cinq ans.

***

La santé de Rose restait fragile. Ce qu'elle souffrait à cause du problème de boisson d'Henri, ce qu'elle taisait – les non-dit – se transformait en «mal-à-dit». De façon cyclique, tout au long des mois, Rose présentait les mêmes douleurs aiguës, des crises de foie chroniques. Les sédatifs, alors administrés à ma mère, anesthésiaient ses douleurs, l'apaisaient pour la nuit. Le lendemain et les jours suivants, elle adoptait une diète légère et remisait son corset à baleines et à lacets.

Je conservais toujours une appréhension de la prochaine «crise de foie» de ma mère. Chacune me laissait tremblante, hantée par le spectre de la volonté de ma mère de mourir sans moi. Profondément ancrée en moi, ma peur d'être abandonnée survivait. À la moindre alarme, mes pleurs ruisselaient. J'étais devenue jalouse de Rose. J'admettais difficilement qu'elle put éprouver du bonheur en dehors de moi. J'avais peur d'être mise de côté, remplacée, abandonnée. Ainsi, dans les veillées de campagne, pendant long-temps, mes cris et mes larmes la retenaient de chanter, de danser les quadrilles populaires. Lorsque, d'épuisement, je dormais enfin, le sifflement du train à la gare toute proche me sortait de mon assoupissement et me ramenait à la noirceur de la chambre où Rose m'avait déposée. Mes hurlements de désespoir couvraient les accords du violon. Puis Rose apparaissait et me serrait contre elle. Béatitude!

Un soir, un parent lui suggéra:

— Va la reporter à la crèche. Ils vont t'en donner une autre moins braillarde.

Rose avait haussé les épaules en me serrant plus fort contre elle. Cercle infernal : pleurer de peur d'être abandonnée, refouler ses larmes de peur d'être abandonnée.

Une période d'austère sobriété de mon père Henri grâce à la ligue de tempérance «Les Lacordaire» ramena un calme bénéfique entre les époux.

J'avais alors cinq ans et je commençais à réclamer une petite sœur. Mes cousins, mes amis appartenaient tous à des familles nombreuses. J'étais choyée, mais seule. Je rêvais d'une compagne de jeu; juste un peu plus petite, juste un peu plus jeune. Je l'imaginais acquiesçant à mes idées, souriant à mes jeux.

Le soir, avant de m'endormir, je suggérais des prénoms pour ma nouvelle sœur. Henri était toujours d'accord. Il préférait d'ailleurs une fille à un garçon.

— Je veux pas d'un garçon qui pourrait finir par me ressembler, disait-il souvent.

Henri, conscient et malheureux de son goût prononcé pour l'alcool, tenait à éviter de donner cet exemple.

Seul, grand-père se butait :

— C'est impossible que tu en trouves une autre aussi fine que notre Henriette. Y en a rien qu'une comme elle.

— Là-bas, à la crèche, ce sont tous des petits bébés qui ne demandent qu'à être aimés, rétorquait Rose, déjà décidée.

— Bah! On sait même pas comment vont tourner nos propres enfants. Viens pas me dire que t'es capable d'en choisir une autre aussi fine pis aussi belle qu'elle! Regardes-y donc la chevelure, noire comme une corneille. Viens, Henriette, viens voir. Je vais te donner un cornet de sucre du pays, pis je vais te bercer un peu en attendant que Délima finisse de préparer le souper. On aura des patates jaunes avec du rôti de porc...

Tout en continuant de décrire la composition du menu, grand-père m'entraîna vers le haut-côté. Ouvrant la porte de la chambre froide, il tira d'une tablette un cornet de sucre d'érable. Ensuite, j'entrepris de croquer ma gâterie confortablement assise sur ses genoux. Œuvre d'art d'inspiration indienne que ces cornets! Le sucre d'érable était coulé dans une écorce de bouleau roulée en forme de cône, traversé en son diamètre par un clou ou une cheville de bois.

Grand-père se *dérhuma* deux ou trois fois et commença:

> *C'est la poulette grise*
> *Qui a pondu dans l'église*
> *Elle a pondu un petit coco*
> *Pour Henriette qui va faire dodo*
> *Dodiche, dodo.*

> *C'est la poulette blanche*
> *Qui a pondu dans la grange*
> *Elle a pondu un petit coco*
> *Pour Henriette qui va faire dodo*
> *Dodiche, dodo.*

Parfois, je faisais semblant de dormir. Grand-père était ainsi très fier de son pouvoir, et ce sommeil truqué m'évitait d'avoir à terminer ma trop généreuse gâterie. De toute façon, Rose râpait le reste du sucre et le servait en dessert au repas suivant. Elle l'accompagnait de crème d'habitant, une crème si épaisse qu'un couteau placé dans la chopine s'y tenait droit debout.

***

Enfin, le jour béni arriva. Rose allait à Québec chercher ma nouvelle petite sœur.

De grand matin, elle monta dans le premier autobus en partance pour Québec, une layette de bébé soigneusement pliée sous le bras.

— Mon choix est fait, répétait Rose pour la troisième fois. D'ailleurs, les religieuses me connaissent maintenant et elles m'attendent.

— As-tu le baptistère d'Henri, la lettre de recommandation du curé? demandait tante Gabrielle, tout aussi fébrile.

— Oui, oui. J'ai tous les documents.

— As-tu tes billets aller et retour? À quelle heure seras-tu ici?

— Le temps d'habiller l'enfant, l'affaire de quelques minutes, puis les formalités... Je serai ici en début d'après-midi.

Postée entre les deux sœurs, mon regard allait de l'une à l'autre. C'était bien la première fois que j'avais hâte que ma mère parte. Elle partait et je n'avais pas envie de pleurer; j'avais envie de rire. J'avais envie de rire avec la petite sœur qu'elle me ramènerait.

Se croisant, se recroisant, surexcitées, Rose et Gabrielle en étaient comiques. Avec sa corpulence, Gabrielle semblait celle qui allait accoucher. Elle se démenait pour installer la couchette au beau milieu de la cuisine, histoire d'admirer et de faire admirer le poupon qui devait bientôt l'habiter. Rose, svelte et aussi rose que son nom pouvait le laisser entendre, bousculait Gabrielle dans sa crainte de ne rien oublier.

Plusieurs semaines auparavant, ma mère m'avait bien expliqué ce qui allait se passer, ce qui, somme toute, s'était aussi passé pour moi. Des centaines d'enfants : sept cents à la crèche d'Youville de Québec, huit cents à la *Miséricorde* de Montréal, regroupés dans des salles par catégorie d'âge, attendaient un foyer.

— Maman, comment tu fais pour choisir?

— Tu sais, Henriette, choisir, c'est difficile et facile en même temps, précisait maman. On aurait le goût de tous les amener, ceux qui pleurent pour les consoler, ceux qui sourient parce qu'ils sont attirants.

Avec une impatiente insistance, je répétai :

— Laquelle vas-tu choisir?

— Je t'ai dit que choisir était facile, parce que lorsque je suis arrivée devant toi, par exemple, quand j'ai vu tes boucles noires et ton sourire, tu m'as fait penser à Henri. J'ai continué à regarder les autres bébés, mais plus aucun ne m'intéressait. Je revenais toujours à toi.

— Je veux que Micheline me ressemble. Je veux aller avec toi pour choisir!

— Choisir, moi, je dis que c'est comme une destinée. Micheline, je crois qu'elle te ressemblera. Tu sais, elle a aussi les cheveux foncés.

— Est-ce qu'on peut en prendre deux? Tout à coup qu'il y aurait des jumelles? Oh oui! j'aimerais ça, des jumelles!

— Bien, s'il y avait eu des jumelles qui m'avaient intéressée... je ne dis pas non... Du travail en double, mais des joies en double aussi... Mais là, mon choix est fait. Micheline est née le 13 février, c'est aussi la date de mon anniversaire de mariage... C'est un signe, le 13 février.

J'écoutais, curieuse, heureuse, charmée.

— Toi, tu vas m'aider avec le bébé? me demanda Rose.

— Bien sûr que je vais t'aider. Je vais, je vais...

Je voulais surtout jouer avec le nouveau bébé. Quand on a cinq ans et aucune notion du temps et des chronologies, on croit qu'un bébé peut nous rattraper, qu'il peut vieillir vite s'il le veut ou si on le veut. Monde de l'enfance, monde de la magie!

Nous étions à la mi-septembre. Le temps de l'année où mes rochers étaient les plus chauds, gorgés des ardeurs de tout un été. Chauds comme les briques chaudes que grand-père avait mises dans la carriole l'hiver dernier pour nous emmener à la messe de minuit. Comme d'habitude, j'allai leur rendre visite pour leur raconter le bonheur qui m'arrivait aujourd'hui. Quelques heures s'écoulèrent à les escalader, à les contourner, à les nommer, à m'y étendre en regardant là-haut les nuages se poursuivre et jouer ensemble comme des sœurs...

***

Un prélassement trop complaisant n'était pas de mise aujourd'hui. Je sautai sur mes jambes et me mis à courir sur la grève, parmi les joncs séchés et craquants. Pour répondre à un souhait de Rose, je ramassai du bois de grève : une petite brassée pour la première attisée du matin. Je déposai mon léger fardeau au bout du potager, puis je courus vers les pruniers, grimpai aux branches.

— Je vais leur donner des reines-claudes, projetai-je.

Et les fruits jaunes, ronds et sucrés, s'amoncelaient dans le seau.

— Et puis même des Mont-Royal, mes préférées.

Puisque c'était jour de fête, je préparai, comme je l'avais vu faire à Rose si souvent, quelques paniers à remettre à la famille voisine. Instinctivement, je respectais les lois de l'abondance : joies partagées, joies multipliées.

Quand j'étais plus jeune, Rose s'inquiétait de ma minceur et du peu de succès de ses repas. Les filles de campagne se devaient d'être plus robustes, plus rondes. Jusqu'au jour où Henri s'était rendu compte que je passais une bonne partie de mon temps assise sur une branche de prunier, de pommier ou de cerisier, à me nourrir de leurs nombreux fruits.

***

Ayant troqué mon unique salopette contre ma plus jolie robe, empesée de frais, je suivais, sur son front, les pensées de tante Gabrielle. Les coudes sur les genoux, le menton dans les mains, je regardais le soleil baisser lentement à l'horizon.

— Elle a dû prendre un autre bus. Je le savais aussi; c'est plus long qu'on pense, ces formalités, disait ma tante en lissant les couvertures de la couchette.

— Peut-être que les documents étaient incomplets ou insatisfaisants, poursuivit-elle.

Et en disant cela, ses yeux se posaient sur moi. Ma seule présence était pourtant le meilleur laissez-passer pour un autre bébé, pour une autre adoption.

— Pourquoi ce retard? grimaçait-elle.

Enfin, à la brunante, je vis Rose s'avancer sur le sentier, une tache claire dans les bras et un sourire de plus en plus précis sur ses lèvres. Tante Gabrielle accourait, ses bras ouverts.

— Montre-le-moi, donne-le-moi, ce trésor!

S'emparant du paquet de dentelles, elle le démaillota, puis le déposa dans la couchette.

J'étais là, la tête entre deux barreaux, déçue : la magnifique petite sœur tant attendue était un bébé chétif et somnolent. Qu'est-ce que j'allais faire avec cela? Distraitement, j'écoutais Rose raconter son aventure.

— Figure-toi, Gabrielle, que la religieuse ne retrouvait pas mon bébé, commença ma mère.

— Quoi? Et celle-là, c'est qui? C'est t'y pas notre Micheline? Celle qui est née le 13 février? Celle dont tu nous parles depuis deux mois?

Sans s'interrompre, Gabrielle poursuivait, s'agitait, gesticulait :

— On avait déjà commencé à l'aimer. Ça se fait pas, mentir aux gens de cette façon! Encore ce matin, tu disais que tu étais attendue, que notre Micheline était réservée. Je le savais aussi. Comme si on pouvait «réserver» des enfants!

De cramoisie, tante Gabrielle passa au pourpre.

— Tant qu'un enfant n'est pas légalement adopté, il reste disponible pour d'autres parents, rectifia Rose. Il ne doit rater aucune chance de trouver une famille.

— Oui, mais les sœurs devaient se souvenir de toi, de ta demande, de ton intérêt pour le bébé? s'emportait, incrédule, la sœur de ma mère.

— Moi, je me souvenais bien de la religieuse qui m'avait fait visiter la crèche en juin dernier, reconnut Rose, tout à coup songeuse.

— Et puis? coupa ma tante, encore furieuse. Alors, raconte tout, que je sache qui on a dans ce berceau.

Après avoir inspiré profondément, ma mère reprit :

— La religieuse semblait aussi déçue que moi. J'avais le cœur gros, je ne me décidais pas à me lever pour revenir. Je me sentais incapable d'en choisir une autre.

Ressentant la tristesse dans la voix de ma mère, je m'éloignai du berceau et écoutai cette fois attentivement la conversation entre les deux sœurs.

— Pendant toutes ces heures, d'intervenir Gabrielle, j'imaginais que le dossier était incomplet. Ben oui, ça s'est vu, des couples refusés par le service d'adoption. Sont bien scrupuleux les enquêteurs, parfois.

Patiemment, ma mère reprit son récit.

— Madame, m'a dit la nonne, vous venez de si loin, acceptez de faire un tour sur les étages. Elle insistait : «Nous en avons de si mignons.» J'y ai vu un espoir. J'ai dit que j'acceptais, que je continuerais à chercher *ma* fille, que j'en aurais le cœur net. Mon hôtesse haussa les épaules en souriant et me précéda dans l'escalier.

— Tu ne démords pas facilement, toi! fit remarquer tante Gabrielle soudain détendue. Puis, elle se tourna vers moi et me lança :

— Elle en a de la suite dans les idées, ma grande sœur, hein!

— Étage par étage, je suivais docilement la bonne sœur.

— Ben là, faudrait pas exagérer! La bonne sœur!

— T'as encore une dent contre les religieuses, toi, fit remarquer ma mère. Toi non plus tu ne démords pas facilement.

— Peut-être... avoua ma tante. Toi, Rose, t'es entêtée; moi, je suis passionnée. Le résultat est le même. Toutes les deux, on obtient toujours ce qu'on veut, n'est-ce pas? Mais on s'éloigne de notre sujet. Serait-ce que tu veux adoucir la vérité? C'est ça! La Micheline qui est là, c'est pas notre Micheline!... Explique-toi donc, à la fin!

— J'ai inspecté salle par salle, dortoir par dortoir, chez les filles comme chez les garçons, cherchant parmi les poupons, parmi les enfants, ceux qui avaient commencé à marcher.

— Je comprends que cela ait pris tant de temps! ne put s'empêcher de souligner la volubile Gabrielle.

— Puis, tout à coup, de derrière une haute table, j'ai reconnu sa tête, sa longue mèche de cheveux... C'est elle, ma sœur, c'est elle, que je crie.

— Impossible, madame, qu'elle me répond. Nous sommes dans une salle de petits garçons, et celui-là est malade; c'est pour cela qu'il est à l'écart.

— Oh! s'il vous plaît, ma sœur, allez vérifier... Celle que je cherche est du 13 février.

— Ben oui, le 13 février, c'est une date mémorable pour toi, Rose! renchérit Gabrielle, les yeux ronds, surprise de la tournure des événements.

— Alors, la religieuse est allée voir et, toute joyeuse, elle m'apporta le bébé disant : «Elle est assurément pour vous, celle-là, madame. Je me souviens maintenant qu'on l'avait un peu cachée pour une maman qui devait revenir la chercher bientôt. Cette maman, c'était donc vous.»

— Habillez-la immédiatement, que je lui dis. Je l'emmène aujourd'hui.

Avec un soupir de satisfaction, ma mère s'arrêta de parler. Tout naturellement, nos regards et nos mains se portèrent vers le berceau.

— Elle est un peu maigre, tu trouves pas, Rose? dit tante Gabrielle.

— Je vais avoir le plaisir de la voir *profiter,* hein, Henriette? Tu vas m'aider. On va lui donner du Pablum!

Bouleversée par la fragilité du bébé, mais rassurée par l'enthousiasme de notre mère, j'acquiesçai de la tête. J'acceptai ma nouvelle sœur en souhaitant très très fort qu'elle engraisse vite vite vite.

***

Micheline mangeait bien et beaucoup. Elle se transformait, s'arrondissait; elle devenait lentement ce que ma mère appelait un bébé «ragoûtant».

Quelques semaines après son arrivée, par un dimanche après-midi d'octobre tiède et clair, mon père, ma mère et moi sommes montés au Trois-Saumons présenter Micheline à ma grand-mère maternelle. Celle-ci avait épousé en secondes noces Wilfrid, un cultivateur.

Il s'agissait d'une balade de quelques kilomètres.

La route non pavée qui menait au rang du Trois-Saumons montait droite, abrupte. Un peu plus haut s'étendait le lac du même nom, un lieu de villégiature très populaire. Malgré la beauté du site, ma mère refusait d'y aller, encore moins de m'y amener, car elle jugeait que la route devenait trop sinueuse, trop escarpée. Pendant longtemps, j'ai endossé sa peur du quai de l'Islet. Quand elle m'avait raconté la chute dans le fleuve du véhicule d'une jeune mère accompagnée de ses deux enfants, j'avais arrêté de respirer. Il me semblait entendre le sinistre klaxon hurler dans mes oreilles. Ma mère avait également peur du vent, Lorsqu'une tempête se levait, elle appréhendait toujours l'ouragan. Elle courait d'une fenêtre à l'autre pour les fermer, sortait l'eau bénite, les rameaux, et se mettait en colère contre ceux qui ne partageaient pas ses craintes. Ma mère m'avait transmis ses peurs, mais heureusement aussi, ses espoirs.

Visiter mes grands-parents me convenait toujours. Je m'y sentais aimée, et la ferme m'intéressait.

Le taxi qui nous emmenait, une grosse Pontiac, quitta la route nationale juste avant le pont qui enjambe la rivière et s'engage sur une route secondaire. Le gravier crissait sous les pneus, et les cailloux projetés par les roues crépitaient sur les ailes de la voiture américaine qui soulevait des nuages de poussière beige. Je refusai de lever la vitre de la portière, car je voulais essayer de percer le mystère de la minuscule chapelle perchée sur le coteau. Dédiée à sainte Anne, mère de la Vierge et protectrice des marins, elle ouvrait ses portes en mai et en juillet, les deux mois correspondant à la fête respective des deux saints personnages.

Durant le mois de Marie, lorsqu'on passait devant, les exhalaisons de cierge et d'encens se mêlant au parfum des fleurs et au murmure des *Ave* me ramenaient délicieusement à la légende de *La Coureuse des grèves*. Je n'avais pas très bien compris cette fabuleuse histoire, mais, comme tous les récits de grand-père, elle me hantait, vivant avec moi dans mon imagination. Le symbole se développait et mûrissait imperceptiblement, comme le levain.

Pour éviter le martyre auquel me contraignait le nettoyage de mon épaisse toison, je consentis, malgré tout, à remonter la vitre. Je terminai le voyage agenouillée sur le siège arrière m'amusant du défilé des clôtures qui, inlassablement, accompagnaient la route.

***

Grand-père refusa froidement de même regarder ma nouvelle sœur.

— Elle est *ben lette,* celle-là, lança-t-il d'un air sombre. Quel goût t'as eu, Rose!

— Regardez-la au moins, le beau-père!

— Wilfrid, renchérissait grand-mère, je te dis regarde, elle ressemble à Henriette!

— Pas intéressé, ajouta-t-il, prenant ma main pour s'éloigner.

— Si vous en rejetez une, vous rejetez toute la famille, s'écria ma mère, subitement en colère. Si vous voulez la voir, vous viendrez la voir chez nous... On s'en va!

Puis, à l'adresse de mon père et d'un ton qui n'admettait pas la réplique, remplie de colère tout autant que de peine, ma mère cria :

— Henri, on s'en va!

Henri, déjà un verre à la main, tenta inutilement de retarder le départ.

Les semaines passèrent.

Capable de tenir tête à Wilfrid, Rose s'inclina cependant la première. Elle s'était rendu compte qu'elle punissait cruellement ma grand-mère, qui aimait tendrement tous les bébés.

Alors, pour ma plus grande joie, le premier jour de l'année, un «Snow*» amenait les familles de Rose et d'Amédée fêter l'an nouveau chez grand-père.

Endimanché d'un mantelet de fourrure de lapin blanc et de contrastantes jambières rouge vif, je grimpais avec un enthousiasme débordant dans le véhicule à douze passagers.

Le «snowmobile», un engin coûteux, était utilisé seulement durant les tempêtes lorsque les automobiles, même munies de chaînes, n'arrivaient plus à circuler. M. Poitras, le propriétaire du taxi de l'Islet, en possédait un avec lequel il desservait les villages des alentours.

Percé de six hublots, monté sur skis à l'avant et munis de deux chenilles à l'arrière, le véhicule ressemblait à un gros escargot. Les passagers s'installaient sur une banquette en forme de U qui

---

* Mot familier pour auto-neige.

70

longeait les parois intérieures. Deux sièges doubles à dossiers offraient quatre autres places, alors que deux strapontins pouvaient surgir du plancher et accommoder deux voyageurs supplémentaires.

Tous les enfants raffolaient d'un déplacement à bord de l'appareil : une équipée qui leur tenait lieu de manège de cirque.

Le bruit assourdissant, joint à la chaleur humide et à une tenace odeur d'essence venait à bout de l'autoritaire tante Jeannette.

Blême, installée à l'avant près du chauffeur, toute son attention allait à contrôler son mal des transports.

Gilles, mon cousin préféré, m'entraînait alors vers les hublots fleuris de givre, autant pour observer la tempête que pour accentuer les cahots imprévisibles de la machine.

La tempête, survenue après un dégel, rendait les routes extrêmement glissantes et complètement impraticables.

Parfois incliné sur le côté, glissant, mordant dans la neige, le «Snow» ne basculait jamais. Ronronnant, vrombissant, il fonçait dans la tourmente. Sur la route traîtresse, une poudrerie poussée par l'haleine du vent du fleuve sculptait des monticules endiamantés et de luisants vallons. Notre bonheur tournait au délire lorsqu'il escaladait, puis dévalait les dunes brillantes.

À un certain moment, nous apercevions la petite gare, tache verte dans la blancheur aveuglante. En la contournant, on entrait sous la protection des arbres et des maisons qui jalonnaient le rang du Trois-Saumons.

Sortant du «Snow», l'air glacial autant que la beauté du décor nous coupaient le souffle.

De la maison de grand-père et de toutes les dépendances de la ferme : étable, porcherie, hangar, poulailler et laiterie, de longs glaçons semblables à des stalactites pendaient, étincelants.

La brusque chute de température avait emmuré dans une carapace de glace tous les arbres du verger. Le peuplier et l'érable qui croissaient l'un près de l'autre, devant la maison ouvraient le féerique spectacle, l'un dressant vers le ciel ses branches gainées de verglas, l'autre pleurant de longues larmes claires.

Pour la traditionnelle bénédiction du nouvel an, immobile et figée par le froid, la nature s'inclinait, se courbait dans un universel agenouillement.

Nous avancions; la porte s'ouvrait, les bras aussi.

***

Grand-père se montra poli, courtois même.

La soirée se déroula gaiement, entrecoupée de chansons à boire et à répondre, de gigues, de rigodons, de «set carré» *callés* par la voix forte et meneuse de tante Gabrielle. Assis chacun sur le bout d'une des marches de l'escalier menant au grenier, les enfants s'esclaffaient, applaudissaient, chantaient de la voix ou des lèvres, participant chacun à sa façon à la fête des grandes personnes.

Plus tard dans la soirée, quand tous eurent bien trinqué, la sœur de ma grand-mère, tante Cécile, risqua à voix basse :

— Rose n'a pas peur de l'avenir, elle!

— Ni plus ni moins que tout le monde, rétorqua Rose. Qu'est-ce que vous voulez dire, tante Cécile?

Cécile avait toujours eu la langue bien pendue, elle poursuivit sur un ton plus assuré :

— Ben, adopter des enfants de la crèche!... Ces bébés peuvent hériter de toutes sortes de maladies, avoir des mauvais penchants... Tu connais rien des parents. Tu sais pas si elles seront intelligentes, tes filles, à l'école... Tu vas être ben arrangée si elles vivent à tes crochets toute leur vie...

Après une courte pause, elle complétait :

— T'as pas l'air d'avoir pensé à ça. Et tu viens de prendre encore une chance, t'en as adopté une autre.

Rose, sur ses gardes depuis son arrivée, sortit aussitôt de ses gonds. D'une voix perçante, elle jeta à l'adresse de toutes les personnes présentes :

— Ouvrez-vous les yeux! Vous le voyez bien que mes filles sont belles et intelligentes!...

Et, après quelques secondes de réflexion, elle scanda :

— Jamais je ne tolérerai, jamais je n'accepterai d'entendre des mots semblables. Jamais!

Bien que plusieurs des convives aient été dans un état d'ébriété avancé, tout le monde comprit et se le tint pour dit.

Rose nous aimait farouchement

Cet événement eut sur moi un double effet.

D'une part, j'éprouvai un délicieux plaisir à me faire défendre d'aussi efficace façon. Pour la première fois de ma vie, j'abandonnais consciemment mon pouvoir pour le troquer contre l'avantage d'avoir un sauveur. Je devins une victime, avec les avantages et les inconvénients que cela comporte. Pendant longtemps, pendant des années en fait, je me croirai incapable de me défendre. J'en viendrai même à oublier que j'en avais simplement perdu l'habitude très jeune.

D'autre part, je conclus que les enfants de la crèche étaient des erreurs. Il y avait bien une Rose pour les défendre, mais les erreurs, il fallait les réparer, les effacer, les faire disparaître. Moi, j'aimais la vie et je ne voulais pas disparaître.

Pendant les trente années suivantes, j'ai cru que j'étais une erreur, que ma place n'était que prêtée, que ma présence n'était pas prévue dans ce monde, que je devais être toujours prête à céder ma place et même à accepter cette situation avec le sourire.

Encore là, la séduction s'avérait le meilleur moyen de retrouver ou de conserver une place.

***

L'apprentissage de l'écriture et de la lecture m'offrit le plus puissant moyen de relation qui soit avec mon entourage, mais aussi le plus efficace outil de solitude. À six ans, j'appris à écrire sur une ardoise. Je fréquentais alors l'école de mon village. Les deux institutrices logaient à l'étage et enseignaient dans chacune des deux pièces du rez-de-chaussée. Les classes étaient à degrés multiples. Lorsque j'avais terminé le travail demandé, j'écoutais les explications données aux élèves des autres degrés. Et puis, la main levée, je donnais les bonnes réponses à la titulaire éberluée. Rougissante de plaisir, je connaissais ainsi mes premières jouissances intellectuelles. J'affectionnais particulièrement la grammaire française et l'analyse. J'étais une bonne élève, avide d'apprendre, ambitieuse, docile.

De retour chez moi après les heures de classe, je répétais devant mes poupées alignées:

— Chat : nom commun d'animal, masculin singulier.

J'étais étonnée qu'un seul mot puisse contenir autant d'information. J'aimais l'odeur du papier, de l'encre et de la gomme à effacer. Plus tard, l'algèbre et la géométrie me donnèrent d'autres satisfactions intellectuelles, mais toute ma vie, j'ai conservé une attraction pour les mots qui savaient rendre avec tant de subtilité mes états d'âme.

* * *

Associé à un épicier, Henri exploitait un commerce de boucherie. Il avait recommencé à boire en cachette, tout en continuant à remplir ses obligations. Ses clients aimaient la présentation de ses plus belles pièces, appréciaient aussi ses suggestions pour les parties de viande moins coûteuses. La réputation d'honnêteté et de célérité auprès de sa clientèle faisait blêmir de dépit ses concurrents.

Henri ne craignait pas de se déplacer chez ses clients. Tôt le samedi matin, il sillonnait les rangs des alentours au volant de sa sa camionnette et transportait son étal de boucher bien propre : balance, glacière et comptoir amovible. Quand il commença à boire ouvertement devant Rose, il reboubla d'ardeur au travail, voulant prouver qu'il contrôlait la situation. Mais, insidieusement, l'alcoolisme faisait des ravages. La ponctualité au travail perdit rapidement de son importance. D'absences répétées en départs hâtifs, les langues allaient bon train, si bien que sa réputation se ternit. Son associé abusa de la situation et Henri perdit son commerce. La maison fut vendue, la famille dut s'installer dans un quartier pauvre et misérable de la grande ville.

Un frère de Rose, aux prises avec le même problème qu'Henri, nous accueillit chez lui pour quelques semaines. Une sorte de taudis où pullulait la vermine. Ni douche, ni bain! Rose nous interdisait, à Micheline et à moi, d'aller aux toilettes la nuit sans qu'elle nous accompagne, car il fallait frapper durement la porte des cabinets avec un bâton avant d'entrer pour éloigner les rats.

Les déboires s'accumulaient et Henri tomba gravement malade. Diagnostic : arthrite.

Bravement, Rose voyait à tout. Elle amena Henri à l'Hôpital des Vétérans où, comble de bonheur pour lui, un verre de bière lui était servi avant chaque repas. Rose lui rendait visite tous les jours pendant qu'une gardienne, très mauvaise cuisinière d'ailleurs, assurait une présence auprès de nous.

Je partageais avec Micheline un lit trop étroit pour elle et pour moi. Ma jeune sœur souffrait beaucoup de l'absence de Rose et des modifications apportées à ses habitudes alimentaires. Un jour qu'elle pleurait devant son assiette de pommes de terre, je fis disparaître clandestinement la purée grumeleuse. Un sourire complice remplaça ses haut-le-cœur et la gardienne n'y vit que du feu.

À l'école, malgré la concurrence plus grande qu'à la petite école de campagne, je m'appliquais à demeurer la première de ma classe. Un jour, revenant de l'école, peu habituée à ce dédales de rues, captivée par les néons aussi nombreux que colorés, je me perdis. Le cœur battant à grands coups, j'arpentai des ruelles inconnues, cherchant des points de repères. Finalement, mon odorat me ramena au logis : nous habitions à quelques pâtés de maison d'une écurie d'où partaient, deux fois par semaine, des chevaux tirant des chariots remplis de gros blocs de glace. Les glacières remplaçaient les frigos, et le ciment des trottoirs, mes rochers, ma grève...

Ma honte grandissait et j'évitais d'amener des amies à la maison. Seuls, les livres pénétraient ma solitude.

Heureusement, chaque été, nous retournions chez mon grand-père.

Micheline avait maintenant cinq ans. Ce jour-là, elle préparait sa poupée pour notre séjour à la ferme. Tout de go, elle alla trouver Rose qui s'affairait au milieu des valises, et, la tirant avec insistance par la jupe, la força à s'arrêter.

— Maman, j'aimerais ça, avoir un vrai bébé, dit-elle, remettant sa poupée dans les bras de notre mère. Puis, candidement, elle ajouta :

— Maman... Je veux une petite sœur.

* * *

Grand-père venait nous chercher à la «station» de L'Islet. Les trains express en provenance de Montréal ne s'arrêtaient pas à la petite gare du Trois-Saumons.

Aussitôt que l'odeur et le bruit du train s'estompaient, les effluves et le silence de la campagne environnante reprenaient leurs droits. Sur la route longeant le fleuve, les yeux clos, à grandes lampées gourmandes, je remplissais mes poumons d'air salin.

Je parvenais difficilement à laisser libre cours à ma joie de me retrouver dans les grands espaces de mon enfance, car passer devant «notre» maison vendue me remplissait de nostalgie. C'était comme si je renonçais définitivement à mon enfance.

Et renoncer à mon enfance, c'était me détacher de la balançoire suspendue par Henri près de la grève, celle qui avait bercé tant de longues rêvasseries. Renoncer à mon enfance, c'était abandonner définitivement l'idée d'obtenir un bonbon de cette résine tiède qui coulait du tronc de mes cerisiers; c'était convenir avec les grandes personnes que cette gomme n'était bonne qu'à coller, à gaspiller, à abîmer mes vêtements. Enfin, renoncer à mon enfance, c'était sacrifier la berçante vagabonde qui exécutait le même circuit, accompagné des mêmes chansons.

Sur la route caillouteuse, comme jamais auparavant, le panorama m'éblouissait : le même St-Laurent, tout rétréci à Montréal, s'étalait là, sous mes yeux, tel un bras de mer, large, souverain, millénaire...

En juillet, la ferme de grand-père me réservait maintes jubilations, que j'ai longtemps gardées secrètes. Fille de la mer, j'épousais aussi ici, la terre, la nature tout entière.

Mes souvenirs d'enfance surgissent toujours peuplés d'odeurs.

Chez grand-mère, Micheline et moi partagions une chambre au grenier. Glacial, fermé par une trappe l'hiver pour conserver la précieuse chaleur au rez-de-chaussée, le grenier devenait chaud, et même suffocant, durant les canicules de l'été. Les planches et les madriers du toit en soupente n'avaient jamais reçu la moindre peinture et dégageaient une odeur saine de bois vieilli lentement. Telle la caverne d'Ali Baba, ce grenier recelait les objets les plus hardiment hétéroclites : un dolent canapé et des malles pous-siéreures voisinaient avec un rouet esquinté, des assiettes et des brocs en grès, en faïence. Accrochés aux murs, des harnais de chevaux et des outils de jardinage observaient stoïquement des billes brillantes montées en collier et oubliées sur des coussins éventrés. Remuer un objet soulevait de la poussière, mais révélait aussi d'autres merveilles : anciens catalogues, pipes, chapelets oubliés.

Par l'ouverture grillagée pratiquée dans le plancher de notre chambre montaient le fumet du café et le murmure des conversa-tions des grandes personnes. Placé juste au-dessus du poêle à deux ponts, ce «carreau» était destiné à réchauffer la chambrette en hiver.

Micheline et moi nous relevions parfois tard le soir en tendant l'oreille au-dessus de l'ouverture. Depuis ma plus tendre enfance, j'avais toujours cherché à repousser le sommeil, car j'avais peur de m'endormir et d'être abandonnée. Maintenant, aux abords de l'adolescence, j'étais certaine qu'aussitôt les enfants endormis, les adultes disaient des choses ou allaient à des endroits intéressants, et je ne voulais rien manquer.

Micheline, toujours un peu gourmande, risquait un audacieux :

— Hum, ça sent bon! Moi aussi, j'ai faim!

Et souvent, malgré l'heure tardive, Henri ou Rose répondait :

— OK, vous pouvez descendre... Seulement un *toast*... C'est pas bon de manger avant de dormir

Micheline et moi allions alors donner un gros baiser au parent le plus permissif et, discrètement, nous attendions notre récom-pense.

Grand-mère n'avait pas de grille-pain moderne. Elle nettoyait le dessus du poêle à bois à l'aide d'une aile de coq qu'elle gardait toujours accrochée au-dessus de la boîte à bois, à côté des pipes bien alignées de grand-père. Puis elle déposait les tranches de pain sur la partie la plus chaude de sa cuisinière. Je raffolais de ce pain rôti et aplati par un procédé rudimentaire. Une spatule ou, mieux encore, le canard*, écrasait et nivelait la tranche de pain sur laquelle glissait ensuite le beurre et le sirop : un goûter délicieux.

Wilfrid fabriquait du vin de riz. L'odeur rance qui émanait de sa chope ne l'empêchait pas de le distribuer en généreuses rasades. La visite de la ville attirait toujours quelques voisins, des cultivateurs. Parfois, les vacances de mon oncle Ovila s'accordaient avec les nôtres. Micheline et moi retrouvions alors avec plaisir Francis, notre cousin *des États*. Le *petit boire* aidant, grand-père, toujours prodigue de chansons et d'histoires, reprenait pour notre cousin américain la légende de la chasse-galerie.

Il y a bien longtemps, une bande de coureurs des bois était isolée dans la neige, au fond des bois du St-Maurice.

Alors que la veille du Jour de l'An approchait, ils rêvaient de danser avec les filles de Ste-Jeanne, à cent cinquante milles de l'endroit où ils se trouvaient.

L'un d'entre eux, Gabriel Lajeunesse, suggéra de lancer un défi au diable en lui demandant de les y conduire! Ils remirent donc leur âme au diable, avec la promesse de ne pas mentionner le nom de Dieu.

Ils déneigèrent leur canot, y prirent place, s'emparèrent des rames et, en un rien de temps, ils furent transportés au cœur de la nuit, jusqu'à Ste-Jeanne.

Quel plaisir ils eurent à boire et à danser avec leurs favorites. Au petit jour, sachant qu'ils devaient repartir, Gabriel les rassembla tous. Mais il eut beaucoup de difficulté, car la plupart de ses comparses étaient éméchés... Il y réussit néanmoins et tous purent partir.

---

* Appellation familière de la bouilloire remplie d'eau qui restait en permanence sur le «poêle»; l'eau en bouillant sifflait comme un canard.

Un des fêtards, Philippe, avait bu un petit blanc de trop et ne savait plus très bien s'il était sur la terre ou au ciel. Dans son euphorie, il laissa échapper sa rame. Il se leva et s'écria : «Mon Dieu!... J'ai perdu ma rame!»

Le sort en était jeté... et le canot fut précipité dans le vide. Les hommes se retrouvèrent ensevelis sous la neige, dans un canot en mille morceaux, devant leur cabane.

Satisfait de son effet, grand-père offrait un autre verre du vin de sa confection, et les conversations reprenaient leur rythme, roulaient sur tous les sujets : de la politique provinciale aux coliques du petit dernier, en passant par les récoltes.

La période des moissons demeure encore pour moi un temps de révélations. Notre séjour annuel coïncidait avec l'engrangement des récoltes.

Aussi, dans la charrette encore vide, Micheline, Francis et moi suivions, dociles, oncle Lionel, grand-père et Henri.

— Les trois-quarts de la récolte sont fauchés, faut pas qu'y *mouille*, réfléchissait à haute voix oncle Lionel.

Grand-père hochait simplement la tête, ouvrait la barrière et saisissait le cheval par son mors, en faisant lentement avancer l'attelage.

Sautant tous les trois de la charrette, une course folle à travers le champ moissonné nous emportait pendant plusieurs minutes. De sillon en sillon, le long de la vieille clôture, de *vailloche* en *vailloche,* on se poursuivait l'un l'autre, courant les papillons blancs, puis les jaunes, observant les sauterelles, un corbeau croassant sur son piquet, un oiseau qui fendait l'air. Les brins de foin séchés, raidis, piquaient les jambes. Les moustiques virevoltaient au-dessus de nos têtes que le soleil maintenant chauffait. Hors d'haleine, nous nous rapprochions des trois moissonneurs.

Grand-père, étonné et heureux de voir l'habileté d'Henri, un gars de la ville, s'activait méthodiquement près de la charrette, surveillant bêtes et gens. Les guides à la main, il marchait à côté de la jument et commandait:

— Arié *don'toé*!

— Hue! à drette, *don'toé*!

Tous ses ordres, ponctués d'un *don'toé,* semblaient familiers à l'animal.

— Ne fais pas mal au cheval, grand-père, hasardait Francis.

Après un demi-sourire à l'inquiet, le vieux fermier pinçait les lèvres, comme pour un baiser, et faisait entendre un «pff» caractéristique, reconnu de tous les chevaux. Les oreilles de la bête s'agitaient d'aise en avançant de quelques pas.

Mon père, le torse couvert d'une légère camisole où brillait sa médaille scapulaire, soulevait aisément les *vailloches* et les entassait dans la charrette.

— Est-ce qu'on peut grimper? demanda Francis. On va *fouler* le foin.

Mordant sa pipe avec les quelques chicots de dents qui lui restaient, oncle Lionel nous hissait l'un après l'autre sur le voyage.

— Attention aux fourches, nous recommandait-il. Restez en arrière. Henri pis moé, on charge par devant.

Les fourches ressemblaient à celles que j'avais vues sur les images représentant le diable dans l'enfer; les démons s'en servaient pour harceler les damnés. Mon imagination fertile se défendait mal de ces imageries populaires; le feu de l'enfer était encore pour moi de vraies flammes. Et pour endiguer tous les frémissements nouveaux et délicieux qui envahissaient mon corps d'adolescente, pour freiner les tentations de la chair, je récitais ma prière du soir les bras en croix. Je m'endormais ensuite avec, sous mon oreiller, une statuette de Maria Goretti, cette sainte et martyre qui avait dit non aux plaisirs de la chair et qui en était morte. J'avais tellement peur que mes pensées concupiscentes m'envoient brûler en enfer pour toujours que je l'avais instituée mon idole.

Haut perchée sur la charrette chargée à ras bord, du regard je découvrais l'immensité des champs d'alentour : une mer jaune dorée ondulait tout autour de moi.

Les montants de la charrette suffisaient à peine à contenir le chargement; les hommes en sueur donnaient alors le signal du retour.

Le soleil à son zénith avalait les ombres. La touffeur écrasante du jour réduisait les oiseaux au silence. Sur le chemin du retour, le long du fossé, une cigale craquetait, stridulant jusqu'à l'assourdissement. Accentués par la chaleur, les effluves du foin embaumaient.

Face à la grange, en droite ligne avec le pont du fenil, mon père, à son tour, prenait les cordeaux.

— Descendez, les enfants, ordonnait-il. C'est dangereux. On ne sait jamais quand un cheval part en peur!

— Ah! papa! Juste une fois!

Alors il disait, un peu rudement:

— Tenez-vous bien! Assoyez-vous et tenez-vous prêts!

Les courroies des harnais solidement passées derrière ses reins, mon père s'arc-boutant fouettait soudain l'animal qui partait d'un trot rapide. La peau, les muscles de mon père, lisses et luisants de sueur, se mêlaient aux efforts du cheval. Un frisson de joie, de peur et d'admiration me tordait le ventre. Dieu, que mon père était beau!

Toujours en parfaite maîtrise, mon père franchissait le pont de fenil et stoppait habilement le cheval au bon moment. Lionel dételait la bête de trait.

Pendant que Francis et les hommes partaient en quête d'eau fraîche et de nourriture, Micheline et moi, plus intriguées qu'affamées, observions d'un œil interrogatif les instruments aratoires suspendus aux cloisons de la grange : sciotte, faucille, serpette, godendard, fléau à pois et fléau à grain. Un dernier frisson, un saut dans la *tasserie,* dans le foin odorant engrangé la veille, et nous partions rejoindre les autres.

***

Micheline était vraiment la petite sœur désirée, la compagne de mes jeux, acquiesçant à mes idées. Lorsqu'elle accourait vers moi, ses lourdes nattes battaient ses épaules et lorsqu'elle s'immobilisait, ses tresses pendaient comme des fanons de chaque côté de sa frimousse encadrée d'une frange sage. Au milieu de son visage, un petit nez joliment retroussé tranchait avec la quasi-tristesse de ses yeux.

Micheline trouvait mes idées tellement amusantes qu'elle me collait toujours aux talons. Elle levait candidement son visage et répétait :

— À quoi on joue, maintenant?

— Zut, Micheline! Va voir ailleurs si j'y suis!

Ne se résignant pas à s'éloigner, penaude, elle marchait cinq pas derrière.

Amoureuse de ma solitude, je profitais de la fin de l'averse, qui avait rassemblé bêtes et gens à l'abri, pour m'éclipser en direction du petit verger. Dissimulée par la laiterie et la serre des plants de tabac d'oncle Lionel, je ralentissais le pas et, penchée sur la rigole élargie par l'ondée, solitaire elle aussi, je suivais des yeux une demoiselle qui patinait sur la surface brillante. Accroupie ainsi à ras du sol, d'intimes odeurs d'herbe piétinée s'imposaient à mes narines. Je respirais lentement pour emplir ma poitrine jusqu'à l'étourdissement.

Le jour s'achevait dans une débauche de couleurs; le crépuscule vêtait la nature de rose et de mauve; ainsi fardés, les humbles carreaux de la serre s'enoblissaient tel un vitrail de cathédrale.

Dans le potager, je tirais une carotte. Essuyant le surplus de terre, je la humais longuement avant de la croquer. Des entrailles chaudes de la terre, des exhalaisons exacerbées par la pluie me pénétraient. Un plaisir intense bougeait, montait en moi. Depuis toujours fille de la mer, je célébrais à cet instant mes fiançailles avec la terre.

Sous les branches basses des pommiers, des lambeaux de brume s'étiraient comme une vie palpable. Je m'amusais à les poursuivre, à les emprisonner entre mes mains, à les happer de ma bouche. Un merle solitaire se régalait des dernières cerises de l'unique cerisier. Sur un banc non visité par la pluie, je m'affalais en riant, mordillant un brin de foin pour en sucer tout le sucre, croquais une pomme trop verte pour sentir âprement sa vie.

La plénitude du moment était telle que si l'éternité existait, elle devait ressembler à des moments comme ceux-là.

Lorsque je m'éveillais de ses instants de splendeur, une culpabilité sourdait en moi : je ne savais trop comment concilier mon désir d'une vie mystique et cette sensualité qui couvait en moi.

Chapitre cinq

CHRISTINE

Je vis que les roses étaient toutes semblables;
c'est le temps que j'ai mis à l'apprivoiser qui la rend unique.
Antoine de Saint-Exupéry, *Le Petit Prince*

VOYANT QUE MES INTERVENTIONS ne faisaient que renforcer son projet, j'avais cessé de décourager Micheline lorsqu'elle réclamait une petite sœur. D'ailleurs, je la comprenais. N'avais-je pas moi-même, quelques années plus tôt, si ardemment désiré sa venue?

Henri avait retrouvé un bon travail.

Pour arrondir les fins de mois, Rose faisait des ménages dans des maisons privées. Sans trop d'instruction, mais débrouillarde, elle était appréciée de ses patronnes qui admiraient son courage et sa générosité d'avoir pris «en élève» deux petites filles. L'une d'entre elles, madame Magnan, me témoignait un intérêt particulier. Un soir, elle me téléphona.

— Ta maman me dit que tu as gagné une bourse couvrant les frais de tes quatre premières années de cours classique?

— Oui, madame! répondis-je, impressionnée par sa belle voix.

— Elle me dit aussi que tu ne veux pas l'accepter? s'enquit-elle.

— Je ne suis pas certaine d'être capable de réussir, lui fis-je savoir après quelques secondes d'hésitation, omettant de compléter : «réussir à être la première de classe».

Malgré la douceur de la voix, je n'avais pas la spontanéité et la confiance de lui montrer le fond de mon cœur. J'osais à peine m'avouer à moi-même cette crainte de ne plus être la première de ma classe. J'avais trop besoin d'être celle qu'on cite en exemple pour risquer de me faire éclipser par l'une ou l'autre de ces élèves, que l'on disait toutes talentueuses. J'avais besoin de l'approbation exclusive de mes parents et de mes professeurs; sinon, je me sentais mise de côté, et c'était un peu me sentir abandonnée...

Je savais que je renonçais à gros en refusant cette bourse, mais ma crainte de l'abandon était plus forte que mon amour pour les livres, plus puissant que ma soif d'apprendre. Devant l'insistance de madame Magnan, avant de me laisse convaincre, je coupai court à la conversation en lui affirmant que j'allais y repenser. Le cours classique durait huit ans. Interminable! Surtout avec les responsabilités qui m'attendaient si un nouveau bébé entrait chez nous! L'adolescente que je devenais réclamait sa part de liberté, d'indépendance. Je rêvais davantage d'explorer l'univers masculin que de m'accabler d'une nouvelle petite sœur. Je souhaitais aussi me libérer du joug qu'était devenu l'alcoolisme de mon père.

**

Lorsque des projets de mariage s'annoncèrent pour Marcelle, Rose et Yvonne réclamèrent toutes les deux les honneurs d'être la mère de la mariée.

Rose me révéla enfin que Marcelle était sa fille. Elle me raconta brièvement qu'un mauvais garçon avait abusé d'elle et de son ignorance. Je posai peu de questions, car je craignais qu'elle y vit mon intérêt pour les choses du sexe et qu'elle me juge vicieuse. Mais dans mon for intérieur, je ne pouvais m'empêcher de penser que si ma mère naturelle avait, elle, été consentante, j'étais alors le fruit d'un «pur» péché et que j'avais hérité d'un penchant «impur», indélogeable, héréditaire. D'autre part, j'étais contente d'avoir une grande sœur si belle, si distinguée, si instruite. Je la pris comme modèle : je serais enseignante moi aussi, comme ma grande sœur Marcelle.

La soirée de fiançailles de ma grande sœur Marcelle introduisit chez nous un captivant garçon. Cette première rencontre avec le frère du fiancé de ma sœur se passa devant un globe terrestre, au bout de la table.

Un visage trop mince, des cheveux drus plantés bas sur un front étroit, Jérôme n'était pas ce qu'il est convenu d'appeler un joli garçon. Pourtant, ses lèvres charnues, ainsi que son regard vif, presque incisif, retenaient étrangement mon attention. Enfin, ses épaules droites, déjà carrées, et ses mains, surtout ses mains, achevèrent de me troubler.

Durant des heures, nous discutâmes géographie. Ses belles mains faisaient tourner le globe terrestre et, avec une audacieuse logique, il me fit remarquer, pendant que son index dessinait sa pensée, qu'on arriverait à réchauffer le climat du Québec en détournant le courant chaud du Gulf Stream.

J'avais douze ans, nous étions en 1958. Bien que les Américains n'eussent pas encore marché sur la Lune, si ce garçon de treize ans faisait montre d'un raisonnement aussi hardi que novateur, je conclus sur le champ qu'il était bien capable d'aller me la décrocher, cette Lune! J'étais éblouie, conquise. La séductrice était séduite.

Ma mère eut beau me dire et me redire que le handicap physique dont souffrait ce garçon pouvait éventuellement le rendre invalide, je restais sourde à ses alarmes. La poliomyélite l'avait en effet laissé avec une jambe légèrement plus courte que l'autre. Le fait qu'il fût différent me le rendait encore plus attrayant. De surcroît, son audace intellectuelle s'accompagnait d'audace physique : il excellait à tous les sports.

***

Est-ce à cause des demandes sans cesse réitérées de Micheline?

Est-ce simplement le désir de revivre les joies associées à l'arrivée d'un nouveau poupon?

Est-ce la peur de se voir devenir grand-mère? L'instinct de compétition ou le besoin d'être utile?

Notre mère, Rose, parlait d'ajouter une fille à sa famille.

Marcelle était maintenant grosse de quelques mois, et son mari, un homme attentif, l'adorait.

Pour Rose, une grossesse était synonyme d'abandon et de délivrance douloureuse. Elle se sentait désemparée et inutile devant la grossesse heureuse et désirée de sa fille. Elle n'était pas encore complètement guérie du drame de sa jeunesse. Elle ne savait que répéter le même geste déculpabilisant de se sauver elle-même en sauvant un bébé, en adoptant un enfant.

Pour ces raisons, et pour celles que seul le cœur de Rose connaissait, elle décida d'adopter une autre fillette. Henri acquiesçait toujours, les services sociaux aussi.

***

Cette année-là, quelques jours avant Noël, Rose ramena à la maison le plus ravissant bébé que j'aie jamais vu. Christine était née le 7 décembre. Délima, ma grand-mère, la reçut dans ses bras et la déposa au pied du sapin, à la place de l'Enfant-Jésus, tout en méditant à voix haute sur le sens spirituel de cette nouvelle venue. De sa voix devenue chevrotante, elle chantait : *Glo-o-o-ria in excelsis Deo,* et finissait dans un chuchotement : *La gloire de Dieu est dans chacune de ses créatures.*

Christine arrivait tout droit de la crèche. Elle portait encore au poignet le bracelet de l'institution où avaient été inscrits ses nom et prénom. Je connaissais l'anonymat des crèches, mais ces indications constituaient tout de même pour moi une piste non négligeable et ma mémoire, secrètement, se hâta de les retenir.

Désignant le teint doré et les yeux sombres magnifiquement frangés de longs cils de son dernier poupon, Rose nous avait fièrement renseignées sur les origines grecques de ma nouvelle sœur. De mes origines à moi, de mon prénom à la naissance, elle ne se souvenait pas. Rose n'oubliait pas délibérément ces informations, mais aussitôt dans ses bras, nous devenions ses enfants pour toujours. Son amour inconditionnel balayait toutes les différences de sang, de race, de nom. Du point de vue légal, elle avait d'ailleurs la possibilité de remplacer le prénom du bébé par un autre de son choix.

Je n'insistai pas auprès de ma mère adoptive pour connaître les détails de ma naissance. La peur de la peiner, mêlée à la crainte d'être jugée, me retenait. Je parlai timidement de mon adoption et de mes interrogations à une compagne de classe triée sur le volet. Toujours cette peur de l'abandon et du rejet! Je tremblais en observant ses réactions. Elle m'écoutait, impuissante et éberluée, comme si je débarquais d'une autre planète.

Dans le secret de mon cœur, c'est à Rose que je souhaitais m'ouvrir, comme lorsque j'étais toute petite, à cinq ans, alors que j'accourais vers elle avec un genou écorché. J'aurais voulu lui ouvrir mon cœur, à elle, Rose, qui savait si bien tout réparer. Mais je me souvenais trop bien de la phrase qu'elle avait prononcée lorsqu'une de nos voisines m'avait un jour demandé :

— Es-tu Espagnole? Égyptienne alors?

Avec fougue, Rose avait répondu à ma place:

— Non, non! Elle est bien Québécoise, Canadienne. Elle ressemble à mon mari; il a les cheveux très noirs.

Je me taisais, me sentant coupable en plus de me croire ingrate. Devant Rose, je feignais l'indifférence quant à mes origines. J'avais trop peur de la chagriner, elle qui avait déjà tant fait, tout fait : c'est elle qui avait sauvé ma vie, la vie qu'une autre femme m'avait donnée.

Chez nous, comme dans la plupart des familles de ces années-là, le sexe ou le ventre des femmes était tabou. Une femme n'était pas menstruée, mais «indisposée» ou «malade». Pour pallier les lacunes de son vocabulaire, Rose m'avait gentiment et discrètement offert un livret expliquant les menstruations, la conception, etc.

En plus du surcroît de travail que sa présence exigeait, le bébé parfait qu'était Christine m'inquiétait. J'avais peur de la concurrence, je me sentais en compétition. J'ai mis des années à comprendre que la beauté et l'intelligence des autres ne diminuaient en rien mes propres talents et que, comme un grand casse-tête, chaque être humain est unique et nécessaire à l'ensemble.

Un jour où je rechignais plus que de coutume, bougonnant de ne pas avoir été consultée dans cette affaire, Rose éclata de colère et, cinglante pour une rare fois, jugea :

— Tu es égoïste. Toi aussi, je suis allée te chercher à la crèche et j'ai pris soin de toi.

Elle continua en racontant alors que de son temps, les plus vieux élevaient les plus jeunes...

Je me sentais coupable de n'avoir aucune envie de revivre cette époque. De plus, comme d'habitude, j'avais peur de peiner Rose, d'ajouter ainsi aux différends qu'elle vivait avec Henri.

Pour ne plus attiser son courroux, je pris sur moi mon égoïsme. De toute façon, les grâces de Christine m'ensorcellaient lentement, moi aussi. Christine était affectueuse, sage, touchante.

***

Micheline, qui avait si fortement réclamé une petite sœur, passait le plus clair de son temps à l'extérieur, à jouer avec des camarades de son âge. Confortable dans ma solitude, j'attachais autant d'importance à mes succès scolaires qu'à mes amis, les livres. J'étais souvent seule à la maison, responsable de Christine. J'accueillais ses grandes joies, consolais ses grandes peines. Chaque soir, je reprenais pour elle un répertoire de chansons enjouées et de tendres berceuses que je lui chantais pour l'endormir...

Coïncidence, un succès de ces années-là, *Les enfants du Pirée**, comptait parmi les chansons préférées de ma jeune sœur aux origines helléniques.

---

* Le Pirée. Port et banlieue industrielle d'Athènes.

LES ENFANTS DU PIRÉE

Noyés de bleu sous le ciel grec,
Un bateau, deux bateaux, trois bateaux
S'en vont gaiement
Et faisant une ronde avec
Un enfant, deux enfants, trois enfants
Vont en chantant

Mon Dieu que j'aime
Ce port du bout du monde
Que le soleil inonde
De ses reflets dorés
Mon Dieu que j'aime
Sous leur bonnet orange
Tous ces visages d'anges des enfants du Pirée

J'espère aussi avoir un jour
Un enfant, deux enfants, trois enfants
Jouant comme eux.
Le long du quai flânent toujours
Un marin, deux marins, trois marins aventureux
De notre amour on se fera
Un amour, deux amours, trois amours noyés de bleu
Et nos enfants auront des gars
Que des filles à leur tour rendront heureux.

Emmanuel Hadjidahis

En berçant Christine, c'étaient mes regrets et mon questionnement que je berçais. Un besoin de plus en plus impérieux m'assaillait : connaître mes origines. Comme tous les adolescents, je vivais une crise d'identité. L'ignorance de mon hérédité accentuait encore le malaise. À cet âge où l'on doit choisir un devenir, j'étais privée de mes racines. Comme il m'eut été plus facile de savoir où aller sachant d'où je venais! Pour me joindre au grand casse-tête de l'univers, j'avais besoin d'intégrer mon casse-tête personnel, et de bien gros morceaux étaient manquants. Lorsque le sujet de nos origines était amené dans la conversation par une autre personne que moi, je hasardais quelques brèves questions. Rose répondait avec autant de conviction que d'affection :

— Oh, vous savez, on nous en disait très peu à la crèche... J'ai tout oublié; c'est pas utile de se souvenir.

Et tout en me serrant étroitement contre elle, elle continuait :

— De toute façon, le secret était demandé, garanti des deux côtés.

Les larmes me venaient et, pendant de courts instants, j'aurais voulu m'effondrer sur sa poitrine et lui dire :

— Maman, maman! Parle-moi! Dis-moi n'importe quoi, mais parle-moi de mon autre maman.

En plus de sa générosité, je lui demandais l'héroïsme.

Des heures entières, mes légitimes interrogations reprenaient leur sarabande dans ma tête d'adolescente de quinze ans :

Qui est ma mère?

Où est ma mère maintenant?

Pourquoi m'a-t-elle donnée en adoption?

M'a-t-elle aimée?

A-t-elle aimé mon père?

A-t-elle été violée?

Était-ce une fille aux mœurs légères?

Mon père, lui, qui était-il?

A-t-il aimé ma mère?

Connaît-il mon existence?

Pourquoi ne s'est-il pas enfui avec ma mère? Pourquoi ne se sont-ils pas mariés?

Qui suis-je donc?

Quel est mon nom?

Pourquoi m'avoir mise au monde?

Pourquoi, si Dieu existe, a-t-Il permis que je vive?

Pourquoi je vis?

Pourquoi la petite Christine vit-elle?

Parfois, pour m'encourager, m'évader, je fabulais. Je montais un scénario hollywoodien où mon père, un homme riche et célèbre, et ma mère, la plus belle femme de tout le pays, s'aimaient d'un amour impossible. Comme cette manœuvre était destinée à m'encourager, j'imaginais rarement une histoire triste.

Face à Rose et à Henri, je me sentais ingrate et dénaturée de me poser ces questions; je me sentais coupable de désirer une réponse. Leur amour, leur bonté auraient dû me suffire.

Je vivais le fait d'avoir été donnée en adoption comme un abandon, un vide sans fond, un rejet éternel. Les malheurs des autres me semblaient toujours plus légers que le mien. J'étais convaincue de mon impuissance à agir sur mon propre malheur. J'étais une victime innocente, une mal-aimée, une laissée-pour-compte, une persécutée. Mes parents naturels étaient responsables de tout et je leur attribuais le moindre de mes échecs, la plus petite de mes peines. Ils étaient mes persécuteurs et je les haïssais. Je leur en voulais de m'avoir mise au monde et de me faire vivre une telle situation. Mais je me sentais prise au piège, car, comme tous les enfants du monde, j'avais un si grand besoin de les aimer.

J'étais incapable d'assumer seule et sainement cette situation et je ne connaissais pas de ressources pouvant m'aider. Les eussé-je connues que je ne les aurais probablement pas utilisées. Une partie de moi se complaisait dans ce rôle de victime, ce qui me fournissait l'avantage de pouvoir être sauvée.

Pour Christine, j'intervertissais les rôles : je devenais son refuge, son sauveur, et quelquefois même, sa «salvatrice»! L'éternel triangle : le persécuteur, la victime, le sauveur, des rôles éternellement interchangeables, irresponsables.

Notre relation, à Christine et à moi, était profondément inspirée par ce jeu de rôles, par ce carrousel. Mais toutes ces heures investies à laver, à nourrir, à écouter, à bercer ma petite sœur me la rendaient plus précieuse. *Je vis que les roses étaient toutes semblables; c'est le temps que j'ai mis à l'apprivoiser qui la rend unique.**

La petite sœur refusée devenait la plus proche de moi, celle à laquelle j'étais la plus attentive. Notre relation était devenue si étroite que, quelques années plus tard, au sortir de l'église le jour de mon mariage, je ne fus aucunement surprise de voir s'avancer dans l'allée, à pas mesurés, ma sœur Christine qui venait m'offrir des fleurs, avec son sourire qui portait toujours son cœur. Ce jour-là, le 16 juillet 1966, j'épousais Jérôme, après à peine deux ans de fréquentation.

Rose n'approuvait pas mon choix, pour deux raisons : le handicap physique de Jérôme – la poliomyélite – et son handicap professionnel – mécanicien. J'étais déçue et en même temps révoltée que Rose attachât autant d'importance aux apparences. Je croyais que notre amour, à Jérôme et à moi, allait soulever le monde...

Avec amour et fierté, Henri et Rose nous préparèrent une noce magnifique, dans le plus bel hôtel de la région. Des dizaines d'invités défilèrent sur l'immense terrasse fleurie et ensoleillée. Le pastel des toilettes féminines adoucissait le classique du tuxedo

---

* Antoine de St-Exupéry

96

des hommes. Les plats du menu cinq services rivalisaient d'originalité. Jusque tard dans la journée, un groupe de trois musiciens entraînèrent les invités, les faisant passer de la valse romantique au fox trot le plus endiablé, sans oublier le rock'n'roll.

Dans l'élégance et la générosité, Henri et Rose se rendaient jusqu'au bout de leur engagement. Leur fille instruite – pensez donc, une enseignante! – quittait le foyer familial au bras d'un époux aimant. Dans le Québec des années 60, une jeune fille bien ne vivait pas seule en appartement sans faire naître des questions sur son honneur et celui de sa famille.

Sans en être pleinement consciente, je demandais beaucoup à mon nouvel époux. Ayant cruellememnt manqué dans ma jeune vie d'une présence masculine, j'avais certes besoin d'un mari, mais aussi d'un frère, d'un père, d'un ami... Jérôme ne savait pas ce qui l'attendait... Moi non plus, d'ailleurs.

Chapitre six

BRIGITTE

*N'écoute pas tes amis
quand l'Ami à l'intérieur de toi dit «Fais ceci».*
Mahatma Gandhi

Février 1967

RONRONNANT, non équipé pour faire face à la tourmente qui se préparait, le monstre avalait fidèlement les dizaines de kilomètres séparant Montréal de Saint-Jean-Port-Joli.

Rose essuyait la vitre embuée par l'haleine des voyageurs. Elle cherchait vainement un point de repère dans cette noirceur constellée de gros flocons blancs. Après avoir longé le fleuve et interrompu son parcours à chaque village, le lourd véhicule la déposerait chez Irène d'ici quelques heures.

Bien calée dans son fauteuil, Rose se remémorait les dernières paroles échangées avec sa sœur. La voix d'Irène, plus bègue que jamais dans cette circonstance délicate, résonnait encore, hésitante, à son oreille.

— Allo, Rose? ... Bon, ouais... Tsé ben... Ouais, que la Claire, ben... elle l'a eu son bébé.

— Une fille ou un garçon? Comment ça s'est passé?

— Ç'a été comme d'habitude, c'est son quatrième.

Puis, après une longue hésitation, comme si elle avait trouvé une réponse à une interrogation intérieure, Irène reprit :

— Fille ou garçon, on veut la donner.

— Claire veut faire adopter sa petite fille, constata Rose, sans grande surprise.

— Ouais, c'est ça! Ti-Phonse et Madeleine sont intéressés.

— Ç'a pas d'allure! Y ont une dizaine d'enfants, se révolta Rose.

— La Claire, elle avait pensé à te l'offrir à toé.

101

Rose s'attendait à cette proposition; elle s'en doutait et même, la souhaitait presque. Recueillir l'enfant de Claire, c'était recueillir Claire elle-même.

Combien de fois dans le passé avait-elle assisté, impuissante, au traitement cruel que Raoul infligeait à sa fille. Toujours blâmée, rejettée, souvent battue, l'enfant solitaire et taciturne s'était muée en une adolescente trop jolie, avide d'amour, mais irresponsable. Inlassablement, Rose s'était attendrie de ses yeux quêtant asile et de son regard implorant l'aumône d'un peu d'atttention. Elle avait volontairement ignoré son rire insouciant, un rire guttural, parfois sensuel. La compassion qu'elle éprouvait alors dépassait la condamnation de sa conduite.

— Je décide pas ça toute seule, finit par répondre Rose. Donne-nous une quinzaine pour réfléchir.

— En tout cas, Raoul est pu capable d'entendre pleurer, insista Irène, en s'exprimant tout à coup avec facilité et sans hésiter. Et elle renchérit : si quelqu'un vient pas la chercher, on va la laisser sur le perron de l'église.

— T'es-tu folle! Au mois de février? s'écria Rose. On n'est plus en 1900 pour avoir des idées comme ça... Dans trois jours, je te rappelle.

Malgré les années, toujours prisonnière de son drame personnel, Rose resta sourde aux mises en garde de son entourage. Les réflexions de ses proches sur les conséquences de son projet, leurs conseils avertis demeuraient lettre morte. Ni son âge ni l'état de santé d'Henri ne semblaient des embûches insurmontables. Pourtant, Henri buvait maintenant plus qu'il ne mangeait, tout en prétendant que c'était ce qu'il mangeait qui causait tant de ravages à sa santé. Aberration aveugle!

Le diabète et l'hypertension empoisonnaient sa vie et la nôtre : sueurs, vomissements, perte de conscience. À tour de rôle, chacun des membres de la famille oscillait entre la peine et la colère.

Cependant, nous ne pouvions nous empêcher d'éprouver admiration et reconnaissance envers cet homme qui nous avait prouvé son amour en se rendant au travail chaque matin pour nous, ses filles adoptives. Il nous avait ainsi enseigné que l'amour, ce n'est pas tant d'aller au lit avec quelqu'un, mais bien de sortir du lit pour quelqu'un. Nous assistions à la destruction physique de notre père. Douloureuse impuissance.

Prendre soin d'un bébé et lui donner de l'affection, c'est ce que Rose savait faire de mieux. Elle décida d'adopter le bébé de Claire.

***

L'autobus fit une nouvelle halte. La tempête n'en était plus aux signes avant-coureurs; elle avait gagné du terrain. Tempétueux, le Bas-du-fleuve, en février, rivalisait avec le grand nord. Les vents polaires, venus de la haute mer tels des typhons nivelaient tout sur leur passage, faisant des grands champs un désert blanc.

Une violente bourrasque s'engouffra par la portière ouverte sur la nuit. D'une fenêtre disjointe, la bise sifflait. Les essuie-glace ankylosés par le givre claquaient lentement, laborieusement. Le chauffeur austère, rompu à toutes les intempéries, actionnait adroitement la manivelle de la portière : d'autres voyageurs maladroits, gênés par leurs épais vêtements et leurs bagages, se hissaient dans le véhicule. À chaque banquette, une petite lumière de lecture éclairait très sobrement les visages des voyageurs.

Rose s'assoupit.

Des rafales diaboliques soulevaient maintenant une poudrerie traîtresse. Le véhicule ralentissait, toussait, crachait, puis rageusement, reprenait sa vitesse.

Rose s'éveilla. Le jour se levait.

Elle reconnut le signal routier de Saint-Jean-Port-Joli presque entièrement recouvert de neige. À sa descente, le chef de bord, le visage émacié, la salua d'un sourire las.

Au plus fort de la tourmente, Rose pénétra dans le logis de sa sœur.

Une odeur mentholée flottait dans l'unique pièce divisée par des tentures. Le long de ces écrans, des boîtes empilées, soustraites aux regards par des housses, voisinaient avec des commodes dont les «tiroirs à pentures» arboraient grossièrement des cadenas.

Les hurlements de l'ouragan rendait sinistre le gîte exigu.

— Y fa un vent à écorner les bœufs. Entre vite, Ti-Rose. Dégreye-toé... Y fa chaud, icitte d'dans.

Être primaire, Raoul la reçut chaleureusement, sachant qu'elle venait le délivrer d'un fardeau. Mal à l'aise, pressée de reprendre sa vie normale, Irène l'embrassa en disant :

— J'ai pas grand-place, tu comprends.

Du regard, Rose chercha un berceau. Tout en avançant une chaise, l'hôtesse bredouillait:

— Pas de place pour elle, la Claire, encore moins pour son bébé! Pas d'argent non plus.

Coupable, elle tira un rideau sur une porte verrouillée; furtivement, elle expliqua :

— C'est le salon de Claire, pour recevoir.

Rose ne sut plus si c'était le long voyage ou la situation présente qui était responsable de son haut-le-cœur. Elle osait à peine imaginer : sa sœur était entremetteuse pour sa propre fille...

Un vieux conte datant de la guerre s'imposa alors à sa mémoire. Dans un pays lointain et pauvre, une mendiante avait rendu son enfant aveugle afin d'exciter la pitié des passants et de multiplier leurs oboles. Rose ne pouvait s'empêcher de mettre la situation présente en parallèle avec ce conte. Sa sœur était-elle donc si pauvre... Ou alors si cupide et profiteuse?

— Y a un autobus à soir, assura Irène, feignant la personne informée. Puis, cherchant les yeux de Rose du regard, elle s'enquit : Tu repars quand?

— Il y en a un après-midi aussi, la rassura Rose. Les lèvres toujours entrouvertes, elle se retint d'ajouter : Ne t'en fais pas, je repars le plus vite possible.

Visiblement soulagée, Irène se leva et se dirigea vers un frigo :

— Veux-tu manger quelque chose? offrit-elle. J'ai de la tête en fromage.

— Oui, tantôt. Mais où est Claire?

Du menton, Irène désigna un coin de la pièce.

— Dans le fond, avec sa petite, répondit-elle.

À l'approche de Rose, l'accouchée, pâle et dolente, se souleva et remonta ses oreillers.

Rose, émue, s'assit sur le lit trop mou.

— Ma tante, ma tante! Vous êtes venue!

Rose répondit :

— Plusieurs pensent que je ne devrais pas adopter une autre enfant à quarante-huit ans.

Un silence s'installa entre les deux femmes. Dehors, la tourmente se déchaînait. Le grésil maintenant crépitait à la misérable fenêtre, juste au-dessus du lit. Par toutes les fissures de la maison, on entendait le vent chanter, puis gémir et parfois huhuler comme un oiseau nocturne.

Puis Rose expliqua comment elle avait réfuté tous les arguments, condamnant l'égoïsme des unes, l'absence de coopération des autres, profondément convaincue d'avoir raison.

Le regard intense de sa nièce l'interrompit :

— J'aurais aimé que ce soit vous ma mère, confia-t-elle.

Des larmes plein les yeux, Rose serra la main de Claire.

— Pauvr' petit' fille, va... finit-elle par articuler.

— Comment allez-vous l'appeler? s'enquit sa nièce.

— Brigitte.

— J'aurais aimé Linda.

— On l'appellera Brigitte-Linda.

Claire se retourna contre le mur, fit mine de s'assoupir. À nouveau soulevée de pitié et de compassion, Rose embrassa Claire sur la joue, se leva, toucha le berceau, sourit à l'enfant blonde, puis retourna vers la table où l'attendait une collation. Dans la simplicité de son esprit arrêté cinquante ans en arrière, Raoul écoutait la radio, l'oreille collée à l'appareil.

— Pas peur Ti-Rose, y disent là d'dans que la tempête s'a-pai-se-ra-bien-tôt, annonça-t-il à l'intention de sa belle-sœur.

Il sourit de sa bouche sans lèvre et sans dent. Joyeux, il exécutait un pas de gigue en faisant tinter le gros trousseau de clés pendu à sa ceinture.

Irène l'encouragea d'un rire sot et se rassura elle-même en disant :

— Pas besoin d'avoir peur de la tempête! Rose, ma sœur, est capable comme un *our*.

Quelques heures plus tard, faisant un rempart de son corps pour protéger l'enfant, Rose affrontait les derniers tourbillons de la tourmente. Repartant vers la ville, elle s'éloignait avec son trésor.

Chapitre sept

UNE AUTRE NAISSANCE

Si nous ne changeons pas de direction,
nous aboutirons probablement là où nous nous dirigeons.
Ancien proverbe chinois

Un jour, un jour, quand tu viendras
Nous te ferons voir de grands espaces,
Un jour, un jour, quand tu viendras
Pour toi, nous arrêterons le temps qui passe
Nous te ferons la fête
Sur une île inventée
Sortie de notre tête
Toute aux couleurs de l'été.

Stéphane Venne

FREDONNÉE, CHANTÉE, MIMÉE, la chanson thème de la Foire universelle s'entendait sur toutes les lèvres, résonnait à tous les échos, rejoignait tous les cœurs.

Montréal, le Québec, le Canada, hôtes de tous les peuples de la terre! Ivresse innommable! Présent démesuré!

Sous le thème de «Terre des hommes», l'Exposition universelle de 1967 se tenait sur l'île Notre-Dame, à la portée de mes regards.

Avec cet honneur, apanage réservé aux grandes capitales, Montréal entrait désormais sur la scène internationale. Le Québec, fenêtre ouverte sur le monde, grouillait de touristes. Le Canada, étalant ses grands espaces, participait au grand virage : virage politique et social autant que religieux. Au Canada, un nouveau parti prenait l'affiche, le NPD. Au Québec, on parlait de souveraineté. Une jeunesse exubérante manifestait son anticonformisme en adoptant le jean qui était jusque-là un vêtement de travail, tandis que les jeunes filles osaient la mini-jupe. La religion ancestrale remise en question ou carrément abandonnée. Les femmes n'étaient plus les gardiennes de la vertu : avec la contraception dorénavant disponible pour toutes, les mœurs sexuelles des femmes se libéraient, la vie des hommes était bouleversée; des couples se formaient rapidement, d'autres volaient en éclat.

En 1967, tout n'était que débordement, expansion, effusion.

Pour les festivités, la ville n'en finissait plus de se faire belle; pour la première fois de leur histoire, les Montréalais avait accès à un métro, qui les amenait sur le site de la Foire.

Un «passeport», vendu à prix abordable, dispensait à tous l'accès à des manèges, à des pavillons thématiques, fascinants par leur architecture, leurs expositions, leur musique, leurs spectacles. Les Canadiens admiraient l'architecture birmane ou encore chinoise, transportée sur leur sol, sur cette «île inventée». En construisant l'ailleurs, les Canadiens redécouvraient leurs atouts.

Ainsi, le pavillon canadien offrait une réplique de l'invincible goélette *Blue Nose,* qui rappelait sa légendaire histoire : conçue et construite par des Canadiens à Lunenberg en Nouvelle-Écosse et lancée le 26 avril 1921, le *Blue Nose* a été la goélette de pêche la plus célèbre du monde. Elle prouva sa valeur dès sa première saison de pêche sur les Grands Bancs. Le capitaine Angus Walters et son équipage ont alors établi un record, jamais dépassé depuis, de la plus grosse prise de Lunenberg. À la fin de la saison de pêche, et après un bon nettoyage, le *Blue Nose* prit part aux épreuves éliminatoires canadiennes et les gagna, ce qui lui donna le droit de concourir pour le Trophée international des Pêcheurs. Le 21 octobre 1921, la goélette acquit la célébrité internationale en triomphant d'*Elsie,* sa concurrente américaine. Nul ne sait à quoi au juste attribuer la rapidité du *Blue Nose.* Mais nous savons que la vaillante goélette triompha de toutes ses rivales, y compris des trois goélettes américaines spécialement construites pour l'occasion, et conserva le trophée pendant dix-sept années consécutives, de 1921 à 1938. Elle ne connut jamais la défaite. Le *Blue Nose* avait une longueur de 143 pieds et une capacité de 285 tonnes. Le bâtiment s'enorgueillissait de 12 doris, d'un grand mât qui mesurait 125 pieds de haut et de 11 000 pieds carrés de voiles. Son équipage comptait 30 hommes. Le *Blue Nose* termina sa brillante carrière sur un récif haïtien, en 1946, et tout le Canada pleura la perte de la reine de l'Atlantique-Nord. Son souvenir se perpétue aujourd'hui par suite de la décision du Gouvernement canadien de graver son effigie sur les pièces de dix cents et sur les timbres de 50 cents.

***

Les Québécois faisaient la noce, festoyant avec leurs cousins de tous les continents, s'éveillaient à une gastronomie exotique, parfois surprenante.

La Grande Fête, c'était aussi la première fois où les gens d'ici entendaient autant de langages différents; ils rencontraient et hébergeaient même parfois des visiteurs de nationalités si différentes, si méconnues.

On découvrait la beauté de la terre, on ressentait nos propres richesses, nos similitudes avec tous les peuples du monde.

Et, dans cette effervescence réjouie, mon fils, mon premier enfant, franchissait les frontières de notre monde.

***

Pendant un moment de répit entre les douleurs drues qui écartelaient mon corps pour te livrer passage, dans un éclair de conscience propre aux accouchées, je comprenais, par l'intensité de ma souffrance, ton désir pressant de vivre. Pendant quelques secondes de trêve, je devinais que dans le réservoir de toutes les âmes, à l'affût, ton âme avait épié le moment de s'incarner, de naître de moi et de ton père; je discernais combien tu nous avais désirés, lui et moi.

De son souffle haletant ou de sa lente respiration, ton père dévoué t'accompagnait déjà.

Entre les douleurs de l'enfantement, pendant un dernier sursis, je revivais précisément quel jour, quelle heure, quelle minute tu avais choisis pour bondir dans notre univers, dans *mon* univers.

C'était une soirée de la mi-août 1967. J'avais 21 ans. Toute présente aux joies charnelles de ma vie de jeune femme amoureuse, je rentrais au logis, les yeux remplis des merveilles de la «kermesse universelle». Je vivais de l'intérieur la griserie de cette fête, de ces voyages dans le temps et dans l'espace. Occupés par notre couple nouveau, par nos projets, par nos découvertes, nous n'y décelions aucune laideur. Nous étions heureux. Depuis notre première rencontre, à 12 ans, je n'avais vraiment jamais perdu de vue Jérôme, ton père. Les événements familiaux s'étaient chargés de nous placer souvent l'un en face de l'autre. Son amour me comblait, m'évitant la honte d'amener de nouveaux prétendants à la maison et de laisser voir le cortège disgracieux des signes de destruction de mon père par l'alcool. Jérôme avait une attitude et un regard tranchants, mais pas d'attrait particulier pour l'alcool : j'étais tranquille. Nous partagions les mêmes valeurs et son intelligence rassurante, si différente de la mienne, ne se démentait pas. Je me sentais aimée, profondément aimée, voulue, désirée. Je ressentais que son amour serait capable de me guérir de la peur viscérale de l'abandon. Une grande blessure, un grand amour.

Nous habitions un petit cottage de la banlieue, construit à coups de cœur plus qu'à coup d'argent par ton grand-père, qui voulait offrir de l'espace à ses enfants. Fille du fleuve et des grands vents, je comprenais ton père, enfant du macadam vite converti à la liberté champêtre, d'être fier d'habiter cette maison, ce quartier qui avait vu ses jeux et sa liberté. Dans cette maisonnette, chaque poutre avait son histoire, ses souvenirs. Réaménagée, repensée, nous avions fait de notre chambre une retraite enjolivée de meubles choisis avec soin.

Dans la touffeur de la canicule, je me souviens encore des stridulations d'un grillon et de l'odeur fraîche d'une brise qui gonflait avec souplesse le voilage des deux fenêtres.

Pour beaucoup, ton père *apparaissait comme un être singulier, à l'aspect farouche; chez lui, une façon d'être, un dehors sauvage rendaient son approche inconfortable[1].* Inconsolable de mon choix, Rose, ma mère, m'avait dit un an plus tôt :

— Je ne te comprends pas, *il a un air dur qui me glace[1].*

Comment expliquer que cet aspect indompté, intense, ne me glaçait pas du tout, qu'au contraire, il creusait mon désir. Cet homme, ton père, un Dionysos, dont les émotions ne s'apaisaient que dans l'amour et le vin, se révélait un amant infatigable, capable de me révéler à moi-même. La Foire universelle était une dionysie à sa mesure.

Dans son ardeur à combler sa jeune épousée, ton père s'approcha de trop près des limites de la maîtrise de sa puissance. Si bien qu'au sortir de notre extase interrompue, force nous fut d'admettre que mon temps était fécond et que la semence n'avait pas besoin d'être abondante pour être fertile. J'allais être mère. J'étais consternée. Je me sentais devenir prisonnière de toi, mon enfant. J'avais peur de devenir difforme, de perdre la convoitise de celui qui allait être ton père et qui désirait pourtant quatre enfants.

Bien accroché, tu t'imposais à moi. Je t'acceptai et résolus de faire tout ce qui était en mon pouvoir pour t'assurer une bonne santé. Grosse de toi, une nouvelle série d'interrogations surgissaient dans ma tête et sur les lèvres de Jérôme, futur papa. J'étais complètement ignorante de l'hérédité que je transmettais. J'entrepris une première démarche auprès des services sociaux pour tenter de faire la lumière sur mes antécédents. Autant j'avais imaginé les plus suaves scénarios, autant je concevais que la déchéance pouvait aussi être le lot de ma mère biologique: entre la violée et la prostituée, l'image du viol était insoutenable. Lucide et amoureux, Jérôme m'enveloppait de son amour inconditionnel. Je demeurais fragile, car cet amour, ce gage, me venait de l'extérieur de moi; à l'intérieur de moi-même, pour moi-même, je n'avais pas trouvé le moyen de gérer cette idée monstrueuse et dévalorisante. Ma famille adoptive, dysfonctionelle par l'alcoolisme, avait été impuissante à me préparer. J'avais terriblement peur de ce que j'allais découvrir.

Loi rigide de la confidentialité, je reçus une réponse brève à une demande timide.

***

Mode ou intuition, je nommai mon fils Patrick. Passion aurait pu être son nom. Il était l'enfant mâle longtemps désiré par son grand-père. J'étais heureuse d'avoir un fils, considérant comme injuste le sort des femmes dans notre société.

La recherche de mes origines stoppa rapidement. Des problèmes d'un autre ordre m'assaillirent.

***

Survint la période de ma vie la plus sombre.

Après le délire sensuel de la Grande Fête et de la conception de mon fils, j'entrai dans une période d'affliction sans nom.

Après la naissance exaltée de notre enfant, j'allais lentement sombrer dans des abîmes destructeurs.

Après ma fusion si intime avec Jérôme, une déchirure torturante allait m'écarteler. Je n'étais plus la maîtresse de Jérôme. Une ennemie asservissait mon bien-aimé.

L'alcool le dominait.

Ma plus grande blessure : ses sarcasmes.

Ma plus grande déception : ses absences.

Ma plus grande honte : ses actes.

J'avais des moments de *résignation plus triste que le désespoir*[1]. Des nuits, des jours entiers, je ruminais mes frustrations, mes non-dit. Par moment, ma fureur déchaînée éclatait dans une litanie de menaces. J'oscillais entre la colère et l'abattement.

Délaissée, je peuplais ma solitude de désirs, de projets de vengeance. Mon courroux étouffé élaborait de véritables *vendetta*. Je cherchais une manière cruelle de me dédommager de l'offense. Je discernais mal le déclin et la ruine de ma propre vie. Je me sentais enchaînée à une destinée honteuse. Je me croyais châtiée par ma naissance indigne. Je subissais l'opprobre d'un père et d'un mari alcooliques.

Mon fils, cependant, me dispensait de grandes joies, assombries par mon chagrin et la haine qui, subtilement, usait l'amour. Sans amie, je ne soufflais mot à personne de ma rage, de mon échec, de ma désespérance.

L'âme humaine a de nombreux replis; dans le désert de ma solitude, une oasis apparut.

Un livre.

Jérôme et moi avions beaucoup d'admiration et de curiosité pour l'humanisme d'Émile, notre beau-frère. La recherche de cet homme sur l'Absolu, le sens de la vie, nous fournissait de captivantes lectures. Des titres aussi évocateurs que *Le matin des magiciens, L'histoire inconnue de l'homme depuis cent mille ans* remplissaient les promesses qu'ils soulevaient : ils étanchaient une soif de connaissances et un appétit de savoir.

Je prenais plaisir à ces lectures et je les recherchais. J'avais cependant l'impression de trahir les femmes de mon entourage. Devant les questions philosophiques, elles souriaient, elles haussaient les épaules. Peut-être savaient-elles d'instinct, dès qu'elles mettaient un enfant au monde et par le contact quotidien avec les larmes et le sang, le vrai sens de la souffrance et de la joie, de la naissance et de la mort. Pour moi, tout n'était pas si simple. Mes interrogations sur mes propres origines me conduisaient à rechercher les origines de l'univers tout entier. Et le «d'où je viens?» n'était jamais bien loin du «où je vais?». Ces grandes questions existentielles, qui font tressaillir d'angoisse et d'allégresse, nous rapprochaient, Jérôme et moi. Son intensité débridée y trouvait une libération. À la suite de nos lectures, nos discussions et nos échanges nous ressoudaient : à ces moments, je me sentais profondément comprise.

Émile, que je voyais si manifestement heureux, plongé dans ses lectures, et qui en émergeait avec le regard de celui qui a vu un ange, prêta un jour à Jérôme un autre volume : *La biographie du Mahatma Gandhi.* L'apôtre de la non-violence nous faisait vibrer tous les deux. Jérôme, le justicier, toujours scandalisé par les abus de pouvoir, était transporté de découvrir un modèle d'autorité positive. Quant à moi, l'occasion m'était aussi donnée de toucher la force de la fermeté, d'accepter ma douceur. Ce que j'étiquetais, ce que je condamnais comme «mièvre» en moi, était un pouvoir véritable. Le Mahatma réveillait aussi en moi une dualité : mes choix de vie. Quelques années plus tôt, j'avais hésité entre la vie à deux et un engagement missionnaire.

Un esprit mystique, doublé d'un espoir d'échapper à notre misère intérieure, nous sensibilisait à la grande misère humaine. Immenses étaient les besoins du tiers monde; tragique, la détresse de notre tiers monde intérieur. Une complicité mystique teintait nos conversations, scellait nos rapports amoureux. Des rêves d'aventure, des désirs de connaître de nouvelles contrées nous propulsaient. D'un commun accord, nous avons cherché alors un engagement social.

Quelque trois ans plus tôt, j'avais quitté l'enseignement sans remords pour me consacrer à l'éducation de notre fils. Mes premières expériences dans ce domaine m'avaient déçue. J'avais toujours été très attirée par l'amour des livres et l'enseignement me gardait près des livres, mais loin de la lecture. Je n'ai compris que trop tard mon erreur. Parce que j'avais été adoptée et que je me sentais une dette de reconnaissance envers mes parents et aussi parce que l'alcool et ses conséquences gâtaient l'atmosphère familiale, j'avais renoncé à entreprendre d'autres études. Mais cette idée d'enseigner dans un autre pays me souriait.

Mon enfance près du fleuve m'avait démontré que tout ce qui vit, bouge, coule et remue se partage, se multiplie et s'agrandit. La vie, même imperceptible, est le contraire de la stagnation; ce qui croupit meurt. Partager mes connaissances et mon expérience, c'était les faire se multiplier; les garder pour moi, c'était les perdre peu à peu. La coopération internationale dépassait tous les idéaux, m'interpellait depuis si longtemps. Quant à Jérôme, à cause de son tempérament rebelle, son engagement prenait plutôt l'allure d'une contestation sociale. L'Afrique primitive l'attirait et il répétait comme un Teilhard de Chardin : une âme qui s'élève élève le monde. C'était un homme pragmatique, et son expérience de mécanicien de moteurs diesel pouvait rendre de précieux services aux compagnies de chemin de fer de n'importe quel pays.

Plusieurs, dans nos familles respectives, nous faisaient remarquer qu'il y avait beaucoup à faire pour soulager l'indigence sur la terre de notre pays. Mais, pour Jérôme et pour moi, il nous semblait qu'ici, en Amérique, tout était déjà pensé, organisé, en place. Nos âmes de pionniers s'accordaient mal du conventionnel, du préétabli. Nous voulions nous joindre à des équipes de développement et de paix. Nous voulions faire profiter les plus démunis de notre mince expérience; nous voulions découvrir et mesurer des valeurs autres que celles de l'Occident; nous voulions donner un sens à notre vie.

Les organismes SUCO et ACDI nous présentèrent documents et films pour nous informer du travail à faire, de l'aide requise sur le terrain, mais aussi des conditions sanitaires. Finalement, pour protéger la santé de notre fils, nous mîmes un frein à nos projets.

Malgré les querelles engendrées par l'alcool, cet accord, cette trève installait en moi l'évidence que Jérôme et moi allions dans la même direction, et la certitude qu'il existait dans la vie autre chose que la routine, l'habitude. Halte providentiellle, viatique nécessaire pour un tout autre voyage.

Quelques mois plus tard, je cherchais à nouveau un moyen d'alléger mes souffrances. Jérôme avait besoin d'alcool pour supporter la vie; j'avais besoin d'une évasion pour supporter ma vie auprès de lui. Je ne pouvais vivre sans lui, ne pouvais vivre avec lui.

Je résolus de prendre un amant.

Je sus attendre pour que le châtiment soit plus cruel : la vengeance est un plat chaud qui se mange froid. Je me laissai choisir, plus que je ne choisis, par un célibataire, la trentaine avancée, bien nanti, qui songeait maintenant à se donner un foyer. Quasi-retraité, Manuel passait le plus clair de son temps à inventer des moyens pour faciliter et multiplier nos rencontres. Il me comblait de présents somptueux, pleurait lorsque je partais : il était réellement amoureux. Il voulait partir avec moi, aller vivre ailleurs, fonder une famille. Il devenait insistant.

J'aimais me sentir aimée, mais je ne l'aimais pas. J'avais besoin de cette importance qu'il m'accordait et que l'alcoolisme de Jérôme m'enlevait. Centrée sur le plaisir du moment, je ne voulais pas et ne pouvais pas voir le mal que je me faisais à moi-même et la douleur que j'infligeais à cet homme. Égoïste, j'exerçais mon pouvoir de séduction sans mesurer la ruine qu'il pouvait engendrer.

Un jour, ce qui devait arriver arriva : Jérôme découvrit notre liaison.

Depuis plusieurs semaines, il se doutait de quelque chose.

D'abord mon calme. Il n'entendait plus mes sempiternelles récriminations. L'esprit ailleurs, je vivais un semblant d'acceptation, je cessais de surveiller ses consommations, j'abandonnais mon contrôle : je vivais une indifférence déguisée.

Manuel, imprudent et impatient, utilisait le téléphone sans discernement : sonneries brusquement interrompues, interlocuteur silencieux... Bref, un soir, dans une colère légitime, Jérôme arracha l'appareil du mur. Un autre jour, rentré plus tôt du travail, il trouva une gardienne auprès de notre fils. Installé à la fenêtre, il avait guetté mon arrivée : j'étais descendue de la voiture de Manuel quelques pâtés de maison plus loin.

Comment expliquer à cet homme ulcéré la profondeur de ma propre blessure, de ma solitude, de mon sentiment d'abandon devant sa maîtresse, l'alcool?

Questions, pleurs, pardon.

Il fut décidé, pour fuir et l'amant et l'alcool, auteurs de tous ces maux, de repartir à zéro et d'aller vivre à l'autre bout du pays, à Vancouver. Rien de moins. Habituées à nos éclats et à nos grands idéaux, nos familles ne furent pas surprises outre mesure par notre décision. La petite Christine, cependant, s'attachait à mes pas, me rendait visite inopinément, m'observait d'un regard triste. Le soir du départ, plusieurs de nos proches nous accompagnèrent à l'aéroport pour nous dire adieu. Dans l'avion, Patrick jubilait : le nez collé au hublot, il demandait :

— Maman, est-ce qu'on va piquer la lune?

Malgré le côté dramatique de notre situation, son ingénuité nous déridait. Nous nous persuadions que modifier les habitudes, changer d'amis et d'environnement allait calmer, muter peut-être, notre détresse intérieure. Cette résolution, où notre goût pour l'aventure trouvait son compte, nous semblait une attrayante cure géographique. Cette thérapie de la fuite ressemblait davantage à une recherche de soi-même, à un besoin de se connaître.

Mais bien malin qui peut se fuir lui-même. Jérôme ne mit que quelques heures à repérer les endroits où il pouvait se procurer de l'alcool... Il avait besoin de sensations fortes pour avoir le sentiment de vivre; et l'alcool les lui procurait encore.

L'isolement s'ajoutait à ma solitude. Au bout de quelques jours, j'étais plus meurtrie, plus désillusionnée que jamais. Je pensais à mon amant, à son amour, à sa générosité, à la vie facile qu'il m'offrait. Je vivais une grande confusion à notre départ du Québec; la situation présente ne faisait qu'ajouter le chaos à la confusion.

Était-ce un goût inavoué pour le martyre qui me faisait m'acharner à continuer de vivre avec un ivrogne?

Jérôme semblait aussi désespéré que moi. Quelques semaines plus tard, mettant un terme à notre exil, nous retournâmes vers tout ce que nous avions voulu fuir. Chacun s'enfonça davantage dans son évasion respective. Jérôme ajouta la drogue et les médicaments à ses consommations régulières. Mon amant m'attendait à la maison, les bras ouverts.

***

À mes constants reproches, Jérôme répondait par des colères auxquelles succédaient des périodes d'abattement où il parlait de s'enlever la vie. Les injustices sociales et l'aversion pour son travail provoquaient le même délire.

Je me sentais terriblement coupable de lui imposer la responsabilité d'un foyer. J'en étais même venue à croire qu'il devait désirer mon départ, sans oser le dire ouvertement. Je m'enlisais chaque jour davantage dans un désespoir malsain, autant pour moi que pour mon fils.

Avant de perdre complètement goût à la vie, j'optai pour une solution que je croyais libératrice pour tous. À l'amour, «cet enfant de Bohême qui n'a jamais, jamais, connu de loi», je décidai de faire entrer la loi. J'allai consulter un avocat pour divorcer.

RÉFÉRENCES

PREMIÈRE PARTIE

1. Jeanne Bourin, aux Éditions de La Table Ronde, les œuvres de Madame Bourin consultées sont :

Très sage Héloïse, ouvrage couronné par l'académie Française.

La chambre des dames, Prix des Maisons de la Presse 1979, Grand prix des lectrices de Elle 1979.

Le Jeu de la tentation, 1981.

Le Grand Feu, 1985.

2. *L'Islet 1677 à 1977,* volume conçu et monté par Marcel Litatien, réalisé à l'imprimerie Nouvelle, Montmagny (Québec) 1977.

DEUXIÈME PARTIE
(1972-1995)

Je suis de l'étoffe des grandes amoureuses qui accompagnent
leur homme tout au long des tempêtes de la vie.
Jeanne Bourin, *Le Grand Feu*

Chapitre un

LES ANNÉES SOMBRES (1972 - 1975)

*Nous avons finalement admis
que nous étions impuissants devant l'alcool
et que nous avions perdu la maîtrise de nos vies.*
Les douze étapes, Alcooliques Anonymes

J'AVAIS VINGT-SIX ANS. J'étais pratiquement irrésistible. Pourtant, je venais de vivre les fêtes du Nouvel An les plus tristes et les plus sombres de toute mon existence : une longue beuverie entrecoupée de promesses et de justifications.

***

Alors que les jours sont encore très courts, une fin d'après-midi du début de janvier 1972, je m'apprêtais à monter dans la voiture luxueuse de mon amant. Élégante dans un manteau de daim, la jambe gainée d'un bottillon assorti, je me sentais cependant sale et abjecte comme la gadoue de cette rue passante du centre-ville. Les badauds remarquaient la belle et son équipage. Comme pour mon fils Patrick, maintenant âgé de quatre ans, notre chevelure très noire et notre peau mate amenaient régulièrement des questions sur nos origines ethniques.

J'étais perturbée et troublée. Ne sachant plus ni quoi penser ni comment penser, je me surprenais à croire que mon hérédité psychique, probablement tarée, me poursuivrait toujours comme un mauvais sort. Un souvenir de mes études de pédagogie à l'École normale remontait souvent à ma mémoire : les religieuses, les Dames de la Congrégation, m'avaient enseigné que l'hérédité, le milieu, les habitudes et la grâce constituaient les composantes de la personnalité. Je connaissais le milieu qui m'avait façonnée, je connaissais mes habitudes, j'avais même une bonne idée de ce qu'était la grâce. Mais de mon hérédité, je ne savais rien, néant.

Ce jour-là, cependant, je m'interrogeais d'avantage sur mon avenir que sur mon passé. L'amant, l'ultime remède pour soulager ma souffrance, avait eu un effet éphémère. Lui-même m'acculait au pied du mur, me renvoyant face à moi-même. Cédant aux pressions du rival de mon mari, j'allai consulter le meilleur, du moins le plus coûteux, avocat spécialisé en droit matrimonial de toute la métropole.

Épouvantée et honteuse à l'idée du geste que je m'apprêtais à poser, je me laissai conduire comme on mène un animal à l'abattoir. Sûr de lui, crâneur, mon complice n'avait de cesse, tout au long du parcours, de discréditer mon mari et de louanger le professionnel que nous allions rencontrer. Habitué qu'il était de réussir toutes ses transactions, il agissait déjà avec moi en propriétaire. Il avait décrété que je serais la mère de ses enfants.

Perdue dans mes pensées, sourde et muette à sa conversation exubérante, je me jugeais immorale, méprisable, vénale. Je me sentais si terriblement seule au cœur de cette cité affairée; seule, incomprise, à la dérive sur l'océan que constituait le gâchis de ma vie.

J'avançais comme une automate, submergée par mon chagrin, presque paralysée par l'émotion.

À la secrétaire de maître Champagne, je répondis par monosyllabes, refusant même de quitter mon manteau. Mon abattement, mes yeux brillants de larmes contrastaient avec la volubilité railleuse de mon compagnon. Compétente et flegmatique, l'assistante de l'avocat n'était pas dupe. Son regard et ses gestes révélaient une sagacité qui lui permettait de tout deviner.

De sourde et muette, je devins aveugle. Seule la porte ouvrant sur le cabinet du conseiller juridique restait claire, identifiable; tout le reste était flou...

Dans le silence de ma détresse, je percevais avec acuité l'état de mon âme. Avec beaucoup de finesse, le bras-droit de Maître Champagne referma la lourde porte capitonnée à celui qui, allègrement, m'avait emboîté le pas, m'assurant ainsi une totale discrétion. Le bruit sourd me fit émerger de ma léthargie. J'étais étonnée et soulagée d'être seule.

Lentement, je levai les yeux sur un espace immense, chaleureux, feutré. Malgré le soleil blafard, une intense luminosité pénétrait dans la pièce par de hautes fenêtres, séparées par de sages rayons de bibliothèque qui supportaient dignement des centaines de livres. Les taches vertes des plantes et des abat-jour tranchaient sur les murs jaune paille et lambrissés de bois blond verni comme celui de l'embrasure des portes, des cadres de fenêtres et du parquet. Observant la ville, un fauteuil, une bergère méditative, acheva de me rassurer. Me regardant avancer, l'homme assis, coudes et avant-bras appuyés sur le bureau, semblait avoir tout son temps. Un des deux fauteuils de cuir, large et profond comme ma peine, accueillit mon désarroi. En sécurité, à l'abri dans un monde si différent où semblait régner l'ordre, le professionnalisme et le raffinement, encore impressionnée, je continuai de détailler la pièce. À ma droite, posée sur un guéridon, une généreuse fougère me rappela les parloirs de l'École normale. Le bureau, digne de Balzac lui-même, reposait sur une épaisse moquette. Derrière cette pièce maîtresse, une crédence, portant dossiers et pichet d'eau, semblait attendre patiemment les désirs de l'érudit personnage. Juste au-dessus de cette desserte, une savante composition rassemblait quatre toiles : les quatres saisons. S'insinuant partout, une odeur d'encre, de papier et de cuir flottait... Alors, j'ouvris ma pensée et mon cœur. Confiante jusqu'à la hardiesse, risquant le tout pour le tout, je décidai, avant de tout rompre, de tout raconter : mes fautes et celles de Jérôme. Une honnêteté, une sincérité si grande jamais éprouvée dans aucun confessionnal de mon enfance, m'habitait : une grâce. Dans le marasme de ma déroute complète, vaincue, je prenais contact avec un sentiment nouveau, plus fort que ma fierté, plus puissant que mon orgueil. Je touchais à l'impuissance, à mon impuissance. Dans le flot de mes larmes passait le flot de mes malheurs.

Interrompue brièvement par quelques questions de mon confesseur, je déversais avec soulagement mes déceptions, mes rancœurs, mon désespoir, et mon amour aussi, sûrement, car lorsqu'enfin mes mots et mes larmes se tarirent, le respectueux personnage commença d'une voix pondérée :

— Ce que j'ai entendu ici est davantage un problème humain qu'un problème légal.

Toujours sur un ton réfléchi, il continua:

— Avant d'envisager un divorce définitif, il y aurait lieu d'envisager d'autres formes de séparation.

Stupéfaite, je l'écoutais avec attention, rangeant mes mouchoirs.

— Une séparation légale, précisa-t-il, une séparation de fait, un congé de trois mois, la reprise de vos fréquentations, une autre forme de cohabitation... Puis il faudra voir, réévaluer...

Toujours silencieuse, moins affligée, je réfléchissais. Me regardant droit dans les yeux, Maître Champagne poursuivit, l'air grave et inspiré :

— Je vous suggère d'aller en consultation matrimoniale. Voici l'adresse du Centre de consultation matrimoniale de Montréal.

Ce disant, il me tendit un carré de papier blanc où il venait d'inscrire un numéro de téléphone et une adresse. Il me tendait l'espoir. Je le saisis, éblouie qu'il existât encore une solution. Une onde de joie m'envahit. En révélant, avec une franchise sans réserve, ma totale inaptitude à trouver une solution à ma honteuse situation, je venais de prendre le plus gros risque de ma vie. Et voilà que je recevais la plus belle surprise de ma vie. Puis montèrent aussitôt en moi, comme une vague, tous les obstacles que cette solution aussi inespérée qu'inattendue sous-entendait. Mais j'étais trop souffrante pour dédaigner le baume. Je saurais convaincre Jérôme et affronter mon amant. Comme s'il lisait mes pensées, Maître Champagne conclut :

— Je conserverai votre dossier ouvert...

J'avais des ailes. Réconfortée, je pris congé. Pour la première fois depuis le début de l'entretien, Maître Champagne me sourit en me tendant la main :

— Bonne chance! me souhaita-t-il.

Lorsque mon amant laissa tomber de gros billets pour payer la note, il ne se doutait pas qu'il réglait les frais de la fin de notre liaison. Au retour, sans succès, je tentai d'éluder ses questions pressantes. Il commenta avec dérision :

— Les psychologues sont des médecins pour les fous.

Son étroitesse d'esprit me faisait pitié. Il continua, caustique :

— Ton mari, lui, a besoin de voir un médecin pour les fous... Pas toi. Avec une femme comme toi, comment peut-il boire comme il le fait... Si seulement tu vivais avec moi...

Pour cacher ma nervosité, et aussi ma joie toute neuve, je m'amusais des boutons qui inclinaient, bombaient, modelaient les sièges du luxueux véhicule. Je fouillais tous les compartiments que je connaissais pourtant si bien. Et lui, pour dissimuler son dépit au moment de mon départ, philosophiquement, conclut par un proverbe de son cru :

— Ce qui est né rond mourra rond.

Il claqua la portière. Il n'avait pas dit son dernier mot. Moi, j'avais dit les miens et toutes ses tentatives pour me rejoindre, pour renouer, se soldèrent par un échec.

J'avais maintenant une autre tâche à accomplir : convaincre Jérôme. Mais la tâche qui nous attend n'est jamais aussi grande que la force qui nous soutient. Ma force, à ce moment-là, était, sans que je le sache, ce qu'il me restait d'estime de moi-même et surtout la recherche de la paix d'esprit : la certitude d'avoir tout tenté avant de baisser les bras.

Après m'avoir écoutée attentivement, la réponse de Jérôme fusa, laconique :

— Si tu penses que tu vas aller faire la sainte là, toi, pis moi, le bourreau, non merci!

Les jours se suivaient sans apporter aucun changement, aucune solution. À cause de l'alcool et de la drogue, cette belle intelligence qui m'avait tellement séduite devenait agressive. C'était invivable. L'habileté avec laquelle il jouait avec les mots rendait son esprit sarcastique, ses remarques cuisantes, proches de la cruauté mentale. Il m'était humainement impossible de vivre à proximité de cet être.

Partir! Ou insister encore pour qu'il accepte la consultation. Finalement, il concéda :

— D'accord, je bois trop... Mais ça se peut pas que tu aies raison sur toute la ligne. Prends un rendez-vous, on va voir.

Confrontés à leurs propres tabous et à leurs propres vulnérabilités, les membres de notre entourage nous découragèrent par leurs avis soupçonneux et incrédules.

— C'est de l'argent gaspillé, surtout que vous en avez pas trop. Achetez-vous des meubles pour commencer.

— C'est cherrant, ce beau monde-là. Pis les résultats sont pas garantis.

— Les «sicologues», y doivent rire de vous autres après que vous avez tout raconté et que vous êtes partis.

— Y ont pas plus de solutions que toé pis moé, c'est du monde comme les autres... Pis quand on commence ce p'tit jeu-là, on ne peut pus s'en passer. C'est mieux d'essayer de régler vos problèmes tout seuls.

— Comment peux-tu t'humilier à aller raconter tes troubles à des étrangers?

— Moi, y en a pas un qui serait capable de me faire dire mes affaires. Je suis bien trop *wise* pour ça.

Plusieurs parmi eux, illettrés et ignares, pouvaient s'excuser facilement. Les autres, bien que plus avertis, ne devaient pas souffrir autant que nous.

***

Sobre cet après-midi-là, Jérôme se présenta au premier rendez-vous après son travail. Je le rejoignis. Commença alors pour nous l'apprentissage de la véritable communication.

Mortifiée, je découvris que «je n'avais pas raison sur toute la ligne». J'appris l'a b c d'un dialogue authentique : un émetteur, un message, un récepteur.

J'avais toujours cru que j'étais un maître de la communication parce que je parlais beaucoup, vite et bien, parce que je déversais beaucoup de paroles, sans presque respirer parfois. J'écoutais peu ou pas les réponses, occupée que j'étais à chercher les meilleurs arguments qui viendraient appuyer *ma* vérité. Je ne vérifiais jamais si l'on m'avait entendue, et encore moins si j'avais bien compris ce que l'on me disait. De toute manière, j'étais certaine d'avoir raison, toujours raison... Il m'était intolérable d'envisager le contraire, car je me serais alors retrouvée, selon ce que je croyais, en état d'infériorité.

Ma plus grande révélation fut de me rendre compte qu'il y avait deux vérités : la mienne et celle de Jérôme, et qu'elles pouvaient coexister. C'était un autre type de relation que celle de dominé-dominant, inférieur-supérieur, une relation qui pouvait être vécue très agréablement. On pouvait parler, écouter, discuter d'égal à égal, respecter la vérité, le «senti» de l'autre. Une émotion, un sentiment, ce n'est ni bon ni mauvais; cela est, tout simplement.

Ce n'était pas une erreur de nous être mariés si jeunes. Nous pouvions apprendre ensemble, en cheminant sur la même route. J'aimais encore Jérôme, plus même qu'auparavant, mais d'un amour différent. Ce n'était plus l'amour de mes vingt ans, mais

133

l'amour des mes vingt-sept ans. Un amour plus fort, plus mûr, de plus grande valeur.

Je devenais capable d'aimer vraiment quelqu'un; je n'étais plus simplement amoureuse de l'amour. J'étais enthousiasmée par la grandeur de ce sentiment et par les possibilités qu'il offrait aux êtres humains.

— Pense-donc, mon chéri, comme je vais t'aimer fort à quarante ans, puis à cinquante, faisais-je souvent remarquer.

La nouvelle intimité qui nous unissait porta un fruit magnifique : une deuxième grossesse. Comme la première, quatre ans plus tôt, celle-ci se déroulait bien. Toujours ignorante de mon hérédité, j'étais cependant confiante que l'enfant que je portais serait en bonne santé. Il n'y avait qu'à regarder Patrick, resplendissant de vitalité et d'intelligence.

J'avais volontairement renoncé au luxe et à la facilité pour poursuivre mon idéal d'amour. Je me sentais responsable du petit être qui respirait au fond de moi. Et bien que l'alcool fut toujours présent, je conservais mon équilibre et ma paix d'esprit au contact de la nature fraîche et spontanée de mon fils.

Des heures durant, celui-ci jouait avec ses crayons de couleur et feuilletait ses livres d'histoires. En sa compagnie, je m'étais remise à l'écriture. Un tiède après-midi de printemps, alors que mon bambin reproduisait avec application *Boucle d'or et les trois ours,* je contemplai, de mon bout de table, le crayon à l'arrêt, le coin de nature offert à mes regards par la porte largement ouverte. Un chardonneret reprenait son souffle posé sur le rebord de la galerie. Bien aisé de se retrouver devant son public, il entama un concert de gazouillis compliqués et de roucoulements galants. Je ne me lassais pas de l'entendre. Il me semblait le comprendre. Par instants, son chant devenait lent, plaintif, puis il inventait d'audacieux arpèges, de frénétiques accords. Tout à coup, le poète se tut et se mit à sautiller. Il se rendit ainsi presque sur le pas de la porte. Alors, lentement, il se retourna et d'un coup d'aile, prit son envol.

Patrick avait lui aussi écouté l'oiseau; nos yeux se rencontrèrent; dans une entente tacite, le silence resta de mise pour ne pas rompre le charme.

Je sortais de ces méditations plus forte, capable d'accepter ce qui, quelques mois auparavant, m'apparaissait inacceptable. M'imaginant le lien entre l'infiniment petit en moi et l'infiniment grand, je me faisais un point d'honneur de conserver un esprit sain. Après, on verrait bien. Patrick, mon fils, était l'enfant de la passion; ma fille serait l'enfant de la communication, celle d'une autre femme en moi. Je lui donnerais donc un double prénom : Marie-Ève.

* * *

J'assistais, impuissante, aux batailles répétées de Jérôme contre l'alcool. Je le retrouvais souvent ivre mort aux endroits les plus inusités, dans des positions souvent ridicules qui déclenchaient l'hilarité de tous, sauf la mienne. Un jour, je le découvris sous l'escabeau, ronflant comme un bienheureux, un pinceau dégoulinant de peinture dans une main, une bouteille d'alcool vide à quelques centimètres de lui.

— J'étais seulement très fatigué, m'expliqua-t-il. J'ai presque pas bu. Je voulais que la maison soit prête pour toi.

À la suite de ces agapes, il essayait de prouver qu'il maîtrisait bien la situation en cessant de boire pendant une semaine. Puis, un jour, victoire incontestable : abstinence pendant un mois.

— Tu vois bien que je n'ai pas de problèmes avec la boisson, plaisanta-t-il. Ça fait dix-sept jours et demi que je n'ai pas pris une goutte.

Il répétait exactement le même discours le lendemain et le surlendemain, pour recommencer à boire de plus belle à la fin du délai qu'il s'était fixé, soit un mois.

— Le monde, ceux qui ne boivent pas, sont plates, affirmait-il. De toute façon, fais-toi z'en pas, j'suis capable d'arrêter quand je veux.

Quand survenaient d'autres beuveries, il proposait autre chose :

— Tiens, j'ai la solution : je vais boire avec toi. Juste en mangeant. Et seulement du vin.

Les repas n'avaient plus de fin. Ils se prolongeaient tant qu'il restait du vin dans la cruche.

— Décidément, l'alcool ne me convient pas. La *mari* est inoffensive; je m'en tiendrai donc à la mari.

Est-ce la mari qui amène la bière ou la bière qui amène la mari? Il m'a bien fallu convenir que le résultat était le même.

Pour brûler son énergie, pour ne plus avoir la force de boire, Jérôme s'adonna au jogging. Il courait jusqu'à en avoir les yeux injectés de sang... puis se récompensait par une cuite.

Je n'avais pas d'amies véritables; ma mère Rose vivait le même problème et ma belle famille, très éprouvée par les attitudes délinquantes de Jérôme, m'avait clairement signifié que sa présence n'était plus désirée.

***

Jérôme avait trois frères. Le décès de son frère aîné, à l'âge de trente-neuf ans, le bouleversa ainsi que toute la famille. La cause : hypercholestérolémie héréditaire. Marcelle sanglotait en répétant qu'elle serait inévitablement la prochaine veuve. Je me voyais également sur la liste, mais une fois de plus, l'ignorance de ma propre hérédité s'imposait, dramatique.

Jérôme, d'abord foudroyé, puis révolté, frappait les murs de ses poings, hurlant sa peine, dénonçant l'injustice divine.

Ce décès fut pour lui l'occasion de découvrir une autre lecture signifiante : *Votre pensée peut tout*, de Norman Vincent Peale. Jérôme était touché et il me fit partager son emballement pour ses découvertes. Même si j'avais des réserves sur son approche, je participais, ne négligeant rien qui puisse influer sur sa consommation d'alcool. Voilà que Jérôme, le révolté contre la société, la politique, *l'establishment*, la vie, Dieu devenait sensible à un autre vocabulaire, à une autre dimension. Je l'écoutais, sceptique. S'agit-il d'une autre manipulation de sa part pour m'inciter à la patience, pour gagner du temps, pour boire en toute tranquillité? me demandais-je.

* * *

C'était un maussade après-midi de l'automne 75. Je n'avais pas encore réussi à m'affranchir de l'opinion de ma mère, qui répétait mélancoliquement, au début de chaque mois de novembre:

— C'est le mois des morts. C'est pour cela que la température est toujours sombre et triste. Les vieux disaient qu'il ne fallait pas retourner la terre à cette période, car les âmes des morts remontaient à la surface.

Son défaitisme me mettait en colère, mais je devais admettre que ma vie était particulièrement amère en ce morne novembre 1975. Ce jour-là, donc, ma voisine Louise et moi-même avions planifié la visite d'un musée avec nos fils. Cette sortie divertissante, très instructive pour les gamins, s'avérait une excellente façon d'atténuer la grisaille de la journée. Notre joyeux quatuor s'éloigna de la maison en saluant de la main la petite sœur ainsi que son gardien, un papa souriant.

— Prenez votre temps, conseilla Jérôme. La petite fera sa sieste pendant que je regarderai le football.

Sur le chemin du retour, en fin d'après-midi, la complicité de leur fils fit s'arrêter les mères au restaurant de *fast food* favori des garçonnets. Tout en mangeant, les deux amis y allaient de leurs joyeux bavardages.

— As-tu vu la hauteur des plafonds du musée? fit remarquer Patrick. Est-ce que les personnes étaient aussi grandes en 1750?

— Était-ce un mousquet, l'arme à feu qui était accrochée au-dessus du foyer? renchérit Dominique.

Louise, enseignante à la page, répondait «pédagogiquement» aux questions pendant que je cherchais un téléphone pour informer Jérôme de notre escale.

La sonnerie retentissait pour la sixième fois lorsque je devinai qu'une main maladroite agrippait le récepteur.

— Allô! Allô! répétait une voix ingénue.

— Allô, ma chérie! Maman sera là bientôt... Maintenant, donne l'appareil à papa.

— Allô, maman, allô, recommençait joyeusement Marie-Ève.

— Petite coquine! Va chercher papa.

— Chut! Papa, dodo...chut!

D'un coup, j'ai tout compris. Je voyais la scène. M'efforçant de maîtriser ma colère et ma voix, j'insistai:

— Marie-Ève, va apporter tous tes jouets auprès de papa.

La colère faisait maintenant place à l'angoisse. J'avais la tête dans les mains, le cœur dans l'eau. Je devais agir vite. Marie-Ève avait un goût prononcé pour les substances non comestibles : pâte à modeler, terre, caoutchouc. Il n'était pas rare de retrouver les traces de ses dents sur un savon. Une surveillance étroite était donc de rigueur. Le pédiatre avait nommé cette «maladie» pica (faisant ainsi allusion à la voracité de la pie). Le spectre de l'empoisonnement se dressait devant moi.

Retournant rapidement vers la table où m'attendaient Louise, Patrick et Dominique, je lançai :

— Louise, il se passe quelque chose à la maison. Je dois partir tout de suite.

Sans être de toutes mes confidences, Louise me rassura gentiment :

— Je reconduirai Patrick après le souper, proposa-t-elle.

Heureux de rester en compagnie de son copain, Patrick ne posa pas de questions. Dehors, le vent soufflait en rafale, soulevant mon manteau, séchant mes larmes de rage. En quelques minutes, j'arrivai devant la maison et remarquai les fenêtres sombres : Jérôme devait dormir depuis longtemps, car, en novembre, on allume à quatre heures. J'entrai en appelant doucement Marie-Ève. En tournant l'interrupteur, je l'aperçus assise au milieu de ses jouets, près de son père endormi. De ses grands yeux candides, elle me désignait le fautif et, triomphalement, un doigt sur la bouche, répétait : «Chut !»

Je la serrai étroitement dans mes bras tout en l'observant. Puis, j'entrepris de vérifier les armoires de la maison. Tout semblait en ordre, et l'enfant en pleine forme. La soirée se déroula comme d'habitude. Étendu à même le sol, près du divan, trop occupé qu'il était à cuver son alcool, le père irresponsable ne bronchait pas. Au début de la nuit, alors que la maisonnée était retournée au silence et à la pénombre, Jérôme s'éveilla. N'ayant pas encore fermé l'œil, j'entendis son appel étouffé, puis ses pas précipités dans toutes les pièces, puis son cri de soulagement dans la chambre de notre fille. Puis à genoux, près de notre lit, Jérôme demanda pardon :

— Je promets, je jure que je ne boirai plus.

Cette nuit-là, je n'avais plus de larmes pour pleurer.

— Je t'en supplie, crois-moi, réponds-moi.

Je n'avais même plus de reproches, je me sentais totalement impuissante face à son problème.

Puis il me dit :

— Dans le livre *Votre pensée peut tout,* j'ai lu ceci : «Lorsque vous vous réunirez pour prier, ce que vous demanderez en mon nom, vous l'obtiendrez.»

Dans un souffle, il ajouta :

— Veux-tu prier avec moi?

J'acquiesçai, mais restai au lit.

— Viens à côté de moi, à genoux, insista-t-il.

Il prit ma main et commença la prière dont il se souvenait.

Notre père qui êtes aux cieux...

Difficilement, j'articulai les mots. Je demandai à Dieu la sobriété pour Jérôme. Je lui confiai ma vie, celle de mes enfants. J'en venais à croire que s'Il existait, Il ne m'avait pas amenée jusqu'ici pour un échec, qu'Il devait avoir Ses raisons.

***

Le lendemain soir, après son travail, Jérôme s'enivrait de nouveau. Pour assurer la sécurité de mes enfants, je songeai sérieusement à me séparer de leur père. Le surlendemain, avant de quitter son travail, il me téléphona :

— Henriette, je ne rentrerai pas pour souper. Je crois avoir trouvé de l'aide pour arrêter de boire. Attends-moi.

Il rentra dans la soirée, vers onze heures. Il m'embrassa et me présenta à son nouvel ami : il était joyeux et sobre. Son ami souriait, blaguait. Quand Jérôme prépara du café, j'allai me coucher, étonnée, perplexe : comment pouvait-il être aussi heureux, sans que je ne détecte aucune odeur d'alcool?

Jérôme et son nouvel ami discutèrent fort tard dans la nuit. Nous étions le 25 novembre 1975. En peu de temps, Jérôme me présenta ensuite à un nombre impressionnant de nouveaux amis. Tous avaient en commun la sobriété et la bonne humeur.

La fête qui eut lieu un mois plus tard, le 25 décembre, marquait vraiment une naissance. Ce fut un véritable Noël. Les années sombres étaient terminées. La lumière brillait au bout du tunnel.

Chapitre deux

LES ANNÉES BEIGES
(1976 - 1980)

Trouver le lieu de la blessure,
c'est aussi trouver le lieu de la force.
P. Gauthier.

JOUR APRÈS JOUR, de vingt-quatre heures en vingt-quatre heures, la fraternité des Alcooliques Anonymes réussit là où j'avais échoué : Jérôme était sobre et, de surcroît, de plus en plus heureux. Invitée aux assemblées ouvertes, j'étais séduite par la philosophie des membres. J'avais étudié, j'avais enseigné et j'avais toujours rencontré des gens cherchant à se spécialiser dans leur profession. La philosophie des A.A., très proche des grandes idéologies de l'Antiquité, prônait avant tout la richesse du «moment présent». Elle suggérait un mode de vie, un art de vivre.

La force de la fraternité résidait dans l'humilité de l'anonymat et dans le partage des expériences. Le seul but était de conserver la sobriété des membres. Issus de toutes les classes sociales, ces alcooliques sobres étaient accueillants, attrayants. Un soir, j'entendis un témoignage qui influença radicalement ma vie.

Mon nom est Marcel, j'ai quarante-deux ans. Je suis sobre depuis cinq ans. Ma femme m'a quitté il y a huit ans. Elle en avait assez et a refait sa vie. Je la comprends et je ne lui en veux plus. J'ai deux beaux enfants que j'aime par-dessus tout. À cause de la boisson, je n'ai jamais terminé mes études. Il y a deux ans, je me suis donné la chance de retourner étudier. Avant, je n'étais pas heureux à mon travail. Maintenant, j'ai trouvé le travail que je voulais.

Je n'ai pas entendu le reste de ses paroles, car ces deux dernières phrases m'avaient touchée droit au cœur : j'enviais cet homme. J'avais envie de me lever et de courir pour aller m'inscrire à l'université, pour aller acheter des livres, pour faire ce que j'aimais. Pendant quelques secondes, une joie indicible m'inonda, couvrant la voix malicieuse, castratrice que je connaissais si bien:

— C'est pas pour toi, les études, pas pour les femmes. Par le temps où tu auras fini d'étudier, il ne restera plus d'emplois. Et puis, t'es trop vieille maintenant.

Je n'avais que trente ans. À la fin de la séance, c'est la joie qui fut finalement victorieuse. Je m'approchai du conférencier et lui avouai suavement :

— Même si je croyais tout ce que vous avez raconté, qu'est-ce qui me prouve, à moi, que je ne ferai pas tout cela pour rien?... Peut-être que ceux qui seront passés avant moi, comme vous, auront tout pris, tout ramassé.

Il arrêta de verser le café qu'il se servait et prit le temps de me regarder sérieusement, droit dans les yeux. Avec un bon sourire, il me parla de la bonté de la vie, de son abondance infinie et de la place qu'il y avait pour chacun. Le cœur dans la gorge, toute la soirée, je murmurai :

«Abondance, abondance.»

Les jours suivants, munie d'un fusain, de quelques couleurs et de deux pinceaux, je commençai à peindre. Trois semaines plus tard, je m'inscrivis à des cours de peinture, réalisant ainsi un rêve auquel j'avais jusqu'alors renoncé. Chaque soir, une fois que les enfants étaient au lit, Jérôme se rendait à ses réunions des A.A. et moi, à genoux sur le sol de la cuisine devant ma toile appuyée simplement sur une chaise, je jouais avec les formes et les couleurs. Plutôt que l'aquarelle, j'avais choisi l'huile, pour son odeur et sa texture, et pour ce monde de sensualité qu'elle levait en moi. Jérôme s'extasiait devant mes œuvres, devant cet éclatement si longtemps retenu.

Avec les revers de fortune occasionnés par la boisson, nos dollars étaient comptés. Malgré tout, un soir, Jérôme me présenta triomphalement le cadeau que je n'osais pas m'offrir : un chevalet. Toujours généreux, Jérôme, maintenant libéré de l'alcool, devenait libérateur.

Tous les genres de peinture me réussissaient : nature morte, paysage, portrait, surréalisme. J'avais ainsi réalisé une toile remarquée et remarquable : une fleur magnifique, parée du bleu le plus tendre, allant au mauve le plus sombre, et au fond de laquelle un œil tout aussi magnifique pleurait trois longues larmes transparentes. Cette toile superbe de beauté, palpitante de mystère, symbolisait ma solitude et ma peine. La peinture devenait mon exutoire.

Denise-Éva, notre professeur d'art et de peinture, était également photographe et nous enseignait le secret des savants mélanges de couleurs. Elle nous entretenait aussi de l'âme de la peinture : le mouvement.

Le mouvement le plus subtil, commençait-elle, le mouvement idéal, quasi spirituel, c'est l'ondulation. L'ondulation est une sorte de vol, plus gracieux encore. Et si le mouvement est l'âme de la peinture, la couleur en est le corps. Observez partout cette couleur grise que la nature affectionne : le gris du bois vermoulu ou rongé par les intempéries, le gris des vieux toits, le gris de toute chose qui dure... Le temps harmonise les matériaux les plus discordants.

Entendant parler ainsi d'harmonie, je percevais, Ô combien! ma propre discordance.

Nous nous réunissions souvent autour d'un café, et je ne fus pas autrement surprise d'entendre un soir sa confidence :

— Je vis depuis douze ans avec un alcoolique sobre.

— Tu connais donc l'A.A., toi aussi? Ce doit être pour ça que ta façon de parler, d'enseigner est si apaisante.

— Cette paix-là t'attire?

— Ben oui... la paix, le repos après toutes ces années d'inquiétude, de désespoir, de boisson...

— Je te ferai rencontrer Al-Anon alors.

* * *

Et c'est ainsi que je connus l'amitié d'Al-Anon. Madeleine m'apprit qu'on pouvait trouver bonheur et contentement dans la vie, peu importe si l'alcoolique qui partage votre existence boit ou pas. Quant à Michèle, elle savait qu'en prenant les responsabilités de l'autre, de l'alcoolique, on détruisait son caractère, on usurpait ses droits, que le chemin de l'autre ne nous appartenait pas, pas plus que notre chemin n'appartenait à l'autre.

Et enfin, Sylvia parla de connaissance de soi, de croissance personnelle. Elle m'écoutait si bien qu'elle me comprenait comme je me comprenais moi-même. Le respect de ma liberté que ces femmes me manisfestaient, joint à l'anonymat qui était la règle, eut raison de la méfiance que j'éprouvais à leur égard. Avec les mois, une amitié solide et véritable s'installa.

Je repris mon journal personnel, compagnon fidèle abandonné depuis quelques années, et retrouvai les joies de l'écrivain. Mon isolement était bel et bien brisé. Encouragée par mes amies, j'acceptai une occasion de retourner à l'enseignement. On m'offrait un poste d'éducateur physique. Je croyais ainsi dissiper le malaise qui subsistait depuis ma première expérience comme titulaire d'une classe régulière.

La bonne forme, le plein air et une saine alimentation faisaient partie de mes valeurs personnelles, tout en correspondant aux conditions requises pour accéder à ce poste. On m'octroya une tâche à temps partiel dans une école, à proximité de chez moi, avec le même horaire que mes enfants.

Avec le temps, ma tâche augmenta, et le salaire aussi. En plus de mes cours réguliers, je me faisais un honneur d'organiser, pour la joie de tous les élèves, des journées d'olympiades et de carnaval. Et ma fierté tourna à l'allégresse lorsque j'introduisis les jeux coopératifs; comme plusieurs de mes élèves, j'étais mal à l'aise dans les activités de compétition.

Ce jour-là, ma classe était composée d'enfants de neuf ans. Parmi eux, Michel, atteint d'une légère dystrophie musculaire, tenait toujours à participer. Je leur proposai un jeu coopératif. Deux équipes devaient s'affronter sur une surface divisée par un filet de badminton. Un anneau de caoutchouc facilement préhensile était en jeu. Lancé par l'un des participant, il devait franchir le filet.

Évidemment, les joueurs les plus habiles attrapaient l'anneau en premier. Ils allaient alors s'asseoir sous les applaudissements. L'équipe qui gagnait était celle dont tous les membres étaient assis.

Après quelques minutes de jeu, Michel, dernier de son équipe encore sur le terrain, attrapa «enfin» l'anneau. Il devint l'artisan de la victoire de son équipe. Au milieu de l'ovation générale, Michel, le plus «faible» de l'équipe, fut porté en triomphe sur les épaules du plus fort. Jamais je n'oublierai les rires de Michel et de son porteur. C'était le monde à l'envers : le plus «faible» qui faisait gagner le plus fort. Et j'avais la grâce d'assister à ce spectacle.

* * *

Puis je m'inscrivis à l'université. N'ayant aucune idée des aptitudes de mes parents naturels, ni de celles de mes ancêtres, dépourvue de points de repère, je n'avais non plus aucune contrainte. Pour voir si des souvenirs enfouis dans mon inconscient allaient surgir et ainsi me révéler des pans de mon identité, je me mis à l'étude d'une autre langue : l'espagnol. Puis je complétai ma formation d'éducateur physique. Enfin, j'allai jusqu'à amorcer un baccalauréat en enseignement de l'expression dramatique. Rapidement, je décrochai des rôles de figurante à la télévision nationale.

Devant un succès aussi rapide, j'aurais voulu me faire croire que j'étais heureuse, que j'avais enfin trouvé ma place. Hélas! Tout aussi rapidement, je compris que je ne voulais pas devenir comédienne. Je cherchais si fort à découvrir ma nature profonde que d'entrer dans la peau d'un personnage contribuait à voiler ma véritable nature. D'ailleurs, j'avais le sentiment d'avoir joué un rôle toute ma vie. Un jour, je me confiai à une amie :

— Sylvia, je me sens comme un soldat parachuté en zone ennemie. Je ne me sens jamais réellement à ma place... Je pense toujours avoir trouvé, puis, au bout de quelques mois, j'aspire à autre chose. Je ne me sens jamais chez moi, jamais arrivée.

Très inquiète de ce que je ressentais et exprimais ainsi, je me tus, le regard intense de mon amie décodant mon silence. Courageusement, je poursuivis :

— Des fois, je doute de mon intelligence, de mon équilibre...
J'ai peur de moi, de ce que je suis réellement.

— Tant que tu auras cette courageuse honnêteté, Henriette, t'as
pas à avoir peur, me rassura mon amie. Ta recherche est longue,
mais ce que tu trouveras sera d'autant plus beau.

Je l'écoutais, un peu rassérénée. Sylvia maîtrisait l'art de
l'écoute véritable. Après une longue pause qui me donna le temps
de descendre au fond de soi-même, je l'entendis me dire des mots
qui soulevèrent ma colère, comme un puissant raz-de-marée.

— Existe-t-il un moyen de connaître tes origines?

— Moi, Sylvia, ce que je connais de ma mère biologique, c'est
la haine que j'en ai; quant à mon père, je ne sais même pas s'il était
un ou plusieurs...

La rage montait, nouait les mots dans ma gorge. Derrière ma
colère et ma haine immenses vivaient un désir si tragique et une
peur si affreuse.

***

Au début de l'année 1979, dans le cadre de mes études en
expression dramatique, j'aboutis au milieu d'un groupe de mili-
tantes féministes. J'étudiais le théâtre de Bertolt Brecht et de Dario
Fo. J'étais bouleversée par les injustices sociales qu'ils dénon-
çaient : violence et répression militaires, torture, abus de pouvoir,
horreurs de toutes sortes. J'assistai aussi à des pièces de théâtre
expérimental, tribune idéale où présenter les revendications et les
griefs des femmes contre les hommes : viol, inceste, prostitution
infantile, violence familiale, harcèlement sexuel. Aucune des lai-
deurs de l'humanité ne m'était épargnée.

Très souvent, les personnes que je rencontrais affichaient une
orientation sexuelle différente de la mienne. Si bien que j'en étais
venue à croire que l'homosexualité répondait davantage à une

insondable blessure d'amour qu'à un code génétique. Force me fut de reconnaître que mes blessures étaient d'un calibre bien inférieur. Car, très tôt dans ma vie, Henri, tout alcoolique qu'il fût, me témoignait son amour par l'action, en se levant chaque matin pour aller travailler afin de nourrir et d'instruire ses filles, ses filles adoptives. Quant à Jérôme, je réalisais bien que ces affronts étaient minimes... mais cependant impardonnables. J'avais eu tellement mal que je ne voulais pas tout effacer aussi rapidement. Je voulais qu'il souffre autant que j'avais souffert, et même un peu plus. La souffrance n'est-elle pas exponentielle?

Puis le «hasard» me guida vers un cours, vers un professeur qui m'introduisit dans l'univers des archétypes. Ginette Paris nous parla abondamment du grand Carl G. Jung. J'étais fascinée d'apprendre qu'un mythe «est une histoire qui révèle sur le mode symbolique quelque chose de vrai – non une vérité pouvant être prouvée scientifiquement, mais une vérité sur le plan de sa signification fondamentale et de son universalité.» Je me délectais autant des fables mythologiques que des rapprochements symboliques à ma personnalité.

Parce que la mythologie grecque est une synthèse, on ne saurait la considérer comme strictement matriarcale ou patriarcale; elle raconte non seulement le combat entre l'un et l'autre principe, mais leur séduction réciproque, les compromis et les négociations entre pouvoirs féminins et pouvoirs masculins[1].

Je découvrais toute la force et l'étendue de ce pouvoir de séduction que j'avais, le pouvoir de la déesse Aphrodite. J'entrevoyais comment ce pouvoir pouvait servir à me construire et à me vivre, et non pas seulement à survivre.

La grâce et le charme dégagent d'énormes pouvoirs s'ils sont exercés librement. La femme aliénée, la poupée de luxe que dénonce le féminisme, se noie dans son miroir, alors que la femme Aphrodite est maîtresse de l'une des plus puissantes magies de l'Univers : celle du désir, du plaisir, de la séduction. La première cherche à plaire, tandis que l'on cherche à plaire à la seconde, car sa puissance est grande;

elle égare même la raison de Zeus qui aime la foudre, lui, le plus
grand des dieux... même cet esprit si sage, elle l'abuse quand elle le
veut. Et Zeus, à vrai dire, ne s'en défend pas beaucoup[1].

(Hymne à Aphrodite)

Mieux informée, et de plus en plus consciente de ma force, un grand désir, non pas de dénoncer la laideur, mais d'annoncer la joie, m'animait. Pour identifier et mettre en œuvre ces aspirations qui bouillaient en moi, je n'hésitai pas à investir de nouvelles énergies dans une session de croissance personnelle : le P.R.H.[2]

J'étais tellement avide de me connaître et de m'actualiser qu'aucune méthode d'introspection ne m'apparaissait trop compliquée ni trop aride. J'étais prête à reconnaître que ma sensibilité, ce fluide conducteur, ces millions de petits radars rendus défectueux par la douleur, était le jaillissement de mon «être»; que les toxines de la souffrance pouvaient s'évacuer en les identifiant, en revivant au présent ces choses qui me font encore mal aujourd'hui.

Je désirais ardemment connaître un savoir-être et je recevais avec délices ces paroles qui me disaient qu'être est synonyme d'aimer, qu'être se fusionne avec aimer.

Être... mais qui étais-je donc? Un morceau du puzzle restait toujours manquant : celui de ma génitrice, de mon géniteur. Engagés tous les deux dans une recherche de nous-mêmes, Jérôme et moi ne voulions négliger aucun domaine de notre vie. Aussi avons-nous accepté, sur les instances répétées de quelques amis, de vivre une cession de *Mariage Encounter,* une fin de semaine consacrée à établir une meilleure communication dans les couples. La pièce maîtresse : une technique de dialogues écrits sur des sujets cruciaux : l'éducation des enfants, la sexualité, l'argent, la mort, Dieu. Les lettres que Jérôme m'écrivait étaient toutes plus tendres les unes que les autres :

L'amour que j'éprouve, que je ressens, que j'ai envers toi est plus
doux, plus tendre, plus paisible, plus posé, plus profond et plus beau
qu'il ne l'a jamais été.

ou

L'amour, mon amour, que j'ai pour toi est si grand qu'il me serait facile de donner ma vie pour toi. Mon amour est aussi profond que toutes les grandes questions existentielles que je me pose. Je ne pourrai jamais aimer une autre femme comme je t'ai aimée et comme je t'aime, même si je le voulais.

Et moi, je ne voulais pas que cet amour incandescent fasse fondre la glace de mon cœur! J'avais eu trop mal! Il devait expier encore et encore; de cela, j'étais certaine. J'étais incapable de même vouloir pardonner. Je me piégeais moi-même, car je n'arrivais plus à m'abandonner à cet homme, à ses caresses.

* * *

Comme une sorte de cadeau de fin d'études, mais aussi pour répondre aux questions qui restaient sans réponse, nous nous donnâmes la permission de voyager chacun notre tour en Europe. Jérôme choisit la France, moi l'Espagne. Pendant mon séjour outre-mer, Jérôme eut tout le loisir de se familiariser avec les travaux ménagers, de se rapprocher de Patrick et de Marie-Ève. Ses lettres me parvenaient toujours aussi enflammées.

Henriette, mon amour,

Je ne crains pas que tu aies une aventure, je crains davantage les mésaventures, les accidents. Car alors tu me manquerais comme la chaleur du feu peut nous manquer en hiver.

Je me sens malade et fiévreux, mais sans avoir de fièvre. Je suis incapable d'avoir des idées claires aussitôt que je pense à toi, et je pense à toi tout le temps. Je suis malade d'amour, d'ennui, de désespoir. C'est trop long, la vie sans toi.

***

153

Quant à moi, mon journal intime me suivait partout.

21 heures, 10 juillet 1979

Cuenca, Espagne. Je vis dans une chambrette de cloître sur le campus du collège. Il fait noir, j'écris à la lueur d'une chandelle. Par souci d'économie, les lumières s'éteignent d'elles-mêmes au bout de trois minutes, juste le temps de se rendre aux lavabos, mais pas d'en revenir. Ce dortoir me replonge dans le cafard éprouvé lors de chaque retraite imposée par les religieuses de l'École normale. Je crains de sentir à nouveau le déchirement entre l'attrait pour la vie mystique et pour les joies charnelles. Mon Dieu, je ne me comprends pas. Pourquoi as-tu mis des désirs si différents dans mon cœur et dans mon ventre?

17 juillet 1979

Chaleur accablante, sieste obligatoire! Parfois le vent s'élève, accompagné de quelques gouttes de pluie, faisant aussitôt place à un soleil de plomb. C'est le climat de la Castille.

Hier, notre professeur nous a emmenés souper dans un restaurant des Casas Colgadas. Des maisons sont suspendues à flanc de montagnes, à même les rochers : un décor à couper le souffle. J'ai mangé du sanglier, gibier que l'on trouve dans la forêt de Cuenca.

Demain, nous visiterons un amphithéâtre romain à Segobriga.

24 juillet 1979

L'Europe! Des bains exigus, des douches à trois gouttes. Vive l'Amérique! Malgré le décalage horaire, j'ai pu joindre Jérôme pour lui souhaiter bon anniversaire : il a trente-quatre ans.

30 juillet 1979

La maturité est directement proportionnelle à la capacité d'assumer sa solitude.

31 juillet 1979

Événement étrange, que je n'ai pas fini de comprendre. Ce matin, après avoir jeté mes dernières cartes postales dans la boîte aux lettres, je marchais sur l'immense plage d'Allicante. Tout en marchant sur le sable humide, je m'approchai d'un cercle de badauds, attentifs à ce qui semblait être un spectacle fort intéressant. D'abord en me mettant sur la pointe de mes pieds nus et en étirant le cou, puis en sautant, je parvint, au troisième bond, à saisir la scène. En sanglotant, un vieil homme pliait et dépliait les bras inertes d'une femme âgée étendue sur un pneumatique à demi-dégonflé. Tout autour, personne ne bougeait. La douleur de cet homme me chavira. L'urgence de la situation faisait s'entrechoquer les idées dans ma tête : j'avais déjà vu pratiquer la respiration bouche à bouche, mais j'avais peur de ne plus me souvenir. Il fallait faire quelque chose. Mon bikini était vraiment réduit et je me disais que tout le monde allait me voir. Mais il fallait agir vite. «Décide-toi, Henriette! Tu fonces ou tu t'enfuis.» Jouant du coude, je me retrouvai près de la mourante en quelques secondes.

Agenouillée auprès d'elle, j'appuyai ma bouche sur ses lèvres et soufflai. À ma grande surprise, la noyée rejeta le contenu de son estomac. Essuyant de ma main les vomissures, je redonnai mon souffle à la vieille femme en pensant à Rose et... à ma mère biologique, celle que j'ai si peur de connaître. Et je me pris à souhaiter très fort que si ma mère avait besoin d'aide, où qu'elle soit, que quelqu'un aille lui porter assistance.

Ma vue s'embrouilla... Quelques secondes plus tard, un médecin tapota doucement mon épaule, oscillant tristement la tête.

— Esta muerta, *prononça-t-il.*

Je me suis retirée, bouleversée par ce qui se passait en moi et autour de moi.

* * *

Puis je suis rentrée au Québec, en demeurant distante et froide avec Jérôme. Alors qu'il était aux prises avec les affres de l'alcool, ma dépendance de jeune amoureuse s'était brutalement rompue. J'avais appris à vivre sans lui, à être indépendante. Maintenant, je cherchais douloureusement, pour lui et pour moi, un chemin vers l'interdépendance. Je me sentais anxieuse, tendue. Je craignais à nouveau que malgré son abstinence, Jérôme ne m'atteigne, ne me blesse à nouveau. Et j'avais peur que mon amour soit mort. Ce n'était ni l'insomnie ni le travail qui m'épuisait, mais l'énergie que je consumais à force d'avoir peur : peur de me connaître, peur de pardonner. J'aurais voulu et souhaité toutes les solutions, sauf celle du pardon.

Mon journal, ce «secrétaire de moi-même», m'assistait quotidiennement dans ma quête pour rétablir la relation avec mon être profond. Je voulais redonner vie et chaleur à ces années d'effervescence, des années remplies et intéressantes, certes, mais beiges : non pas grises, chers amis lecteurs et lectrices, mais *drabe, dull,* sans cette passion qui m'avait déjà habitée.

Et j'écrivais. Chez moi, sur la table de la cuisine, dans mon lit, dans mon bain. J'écrivais aussi au restaurant, à l'envers d'un napperon, sur une serviette de table. Je me décrivais à moi-même mes sentiments, mes angoisses, mes joies, mes projets. Je conservais, rangeais mes notes dans des chemises étiquetées de couleurs différentes : beiges, roses, vertes, bleues... J'aimais tenir un crayon et tracer. J'aimais l'odeur du papier et le bruit que font les feuilles lorsqu'elles glissent les unes sur les autres.

Parfois, aussi incapable de dormir que de me dire, j'écrivais la nuit, ce temps de prédilection pour la méditation où l'on peut entendre le message de l'obscure beauté. J'écrivais pour ne rien oublier. J'écrivais quotidiennement, d'un premier jet, avec une rigoureuse franchise, sans jamais me relire pour ne rien retrancher, et pour ne pas perdre le courage de continuer.

En décrivant mon paysage intérieur, je débroussaillais mon monde, j'en prenais possession et en retenais le plus important. J'apprenais à décoder les événements, les gens et moi-même. Je voulais guérir de mes souvenirs douloureux : abandon, alcoolisme. J'aspirais à la liberté intérieure. La liberté est tellement libre qu'elle nous laisse libres de la saisir, de souffrir ou d'arrêter de souffrir.

Dans cet entretien avec moi-même, je décidai que la solution la plus sage pour ma situation matrimoniale se trouvait dans l'amélioration de moi-même. En toile de fond à ma souffrance d'adoptée et de compagne d'un alcoolique, perpétuellement, les grandes questions existentielles s'imposaient, aiguës :

Quel est le sens de ma vie ?

Quel est le sens de la vie ?

J'écrivais en priant, je faisais don de ce qui m'était unique, intime.

L'acte d'écrire a quelque chose de commun avec l'acte d'aimer.

Cherchant la relation avec moi-même, je trouvais la relation avec l'Absolu. J'écrivais, je lisais. Si j'écrivais pour comprendre ce que j'avais été et ce que j'étais, je lisais pour bâtir ce que je voulais être. Je lisais pour nourrir tous les aspects de ma vie d'être humain : la femme, la maîtresse, l'épouse, la mère, l'amie, et aussi l'enfant que je demeurais pour Henri et Rose, l'enfant que j'étais pour un autre père, pour une autre mère...

Je lisais Carl Rogers, James et Jongward, Wayne Dyer, Erick Fromm, pour comprendre la dimension psychologique des hommes, des femmes, des couples. Je lisais Nancy Friday – *Ma mère, mon miroir, Les fantasmes masculins, Mon jardin secret* – pour saisir toutes les avenues de ma sexualité. Je lisais Martin Gray, Sri Aurobindo, Françoise Dolto pour explorer de nouvelles façons d'envisager la spiritualité. Et je lisais Marguerite Yourcenar dont *Les mémoires d'Adrien* comblait mon intérêt pour l'histoire.

Madame Yourcenar était devenue mon idole, non seulement parce qu'elle avait été la première femme à être élue à l'Académie française, mais aussi parce qu'elle se présentait comme une personne consciente de son époque, une femme avec *Les yeux ouverts*[3]. Sa façon de présenter la mort me fascinait et j'y souscrivais totalement :

Je souhaiterais mourir en pleine connaissance avec un processus de maladie assez lent pour laisser en quelque sorte ma mort s'insérer en moi, pour avoir le temps de la laisser se développer tout entière. Pour ne pas rater la dernière expérience, le passage. Mourir les yeux ouverts, mourir consciente.

Elle me touchait profondément aussi lorsqu'elle définissait ainsi le respect de la vie:

... si nous n'avions pas accepté depuis des générations de voir étouffer dans des wagons à bestiaux, ou s'y briser les pattes comme il arrive à tant de vaches ou de chevaux envoyés à l'abattoir, personne, pas même les soldats chargés de les convoyer, n'aurait supporté les wagons plombés des années 1940 à 1945.

Après mes lectures, lorsque j'osais écouter mon cœur, j'y percevais un grand désir de paix. J'aimais alors me laisser bercer, me laisser porter par un passage d'une œuvre de Bernanos:

Si je recommençais ma vie, je tâcherais de faire mes rêves encore plus grands, parce que la vie est infiniment plus grande et infiniment plus belle que je n'avais cru, même en rêve.

Je voulais croire que lorsque la vie met un grand rêve au cœur des humains, elle y met aussi tout ce dont ceux-ci ont besoin pour le réaliser.

*** *** ***

Lorsqu'enfin je pris rendez-vous avec un agent du service de l'adoption, en plus de mes lectures, j'étais forte de mes amies Al-Anon, de mon retour aux études et au travail. J'étais solide aussi grâce à ces sessions de croissance personnelle, à mes voyages et à mon journal... Je me croyais prête à tout entendre.

Puis, un matin de printemps de l'année 80, j'allai bravement à la rencontre de toutes les informations disponibles au sujet de mes origines. Assise derrière une table, tenant scrupuleusement un dossier à l'abri de mes regards, une travailleuse sociale m'accueillit :

— La loi s'assouplit vous savez... Vous pouvez poser vos questions, je répondrai dans la mesure où l'anonymat de votre mère sera préservé.

J'eus alors la réponse à la fameuse question concernant mon origine raciale. Je sus aussi quel était le poids de mes parents, leur taille, la couleur de leurs yeux et de leurs cheveux, leur occupation, leur âge, leur état de santé à ma naissance.

Avide du moindre détail, je buvais les paroles de la dame et ma mémoire enregistrait tout. Nous étions dans une pièce minuscule aux murs nus. À mesure que tombaient des lèvres de mon interlocutrice les caractéristiques de mes géniteurs, leurs personnages prenaient forme, grandissaient, habitaient l'espace. Pendant quelques secondes trop brèves, les attributs signalés rendirent leur présence presque palpable, charnelle. Affamée de la moindre précision, je demandai :

— Y a-t-il autre chose? Que pouvez-vous me révéler que je n'ai pas demandé?

— Bien... une petite phrase ici, une toute petite note.

Sans relever la tête, elle leva le regard, scruta le mien, puis elle parla sans quitter mes yeux :

— Vous êtes sûrement une enfant de l'amour, car voici ce qui a été écrit au sujet de votre mère en avril 1946 au moment de votre naissance.

L'intervenante retourna à son dossier et lut très posément :

«Elle le rencontra et elle l'aima.»

Chapitre trois

LES ANNÉES ROSES
(1980 - 1982)

> *Toutes les fois que je tombe en amour*
> *On dirait que le monde est à l'envers*
> *C'est p't'être ma tête qui me joue des tours*
> *La terre est bleue et le ciel est vert.*
> Stéphane Venne

CHERS AMIS LECTEURS ET LECTRICES qui m'avez suivie jusqu'ici, voici qu'avec ces paroles, je commence ma vie au présent.

Elle le rencontra et l'aima.

Ma mère a rencontré mon père et elle l'a aimé... Elle m'a donc aimée...

Paroles de délivrance. Le corps de ma mère s'est ouvert pour me donner la vie, pour me délivrer. Voici que ces paroles ouvrent mon esprit, délivrent mon âme. Au fond de moi, je crois entendre la voix de ma mère inconnue :

Ma petite fille, je sais que tu étais bien dans mon ventre. Je t'aimais. Je t'ai nourrie de mon air, de mon amour, de mes pensées. La jeune femme que j'étais a fait tout ce qu'elle pouvait pour toi à ce moment-là.

Et du fond de mes propres entrailles, monte ma réponse :

Tu m'as donné la vie, une belle vie, une vie importante. Je suis amoureuse de ma vie, de la vie que tu m'as donnée. Je te remercie, mère inconnue. Sans toi, rien n'aurait été possible. À partir de maintenant, je me lève, je ramasse ma vie et j'avance. Mes succès et mes problèmes dépendront de moi seule. Je suis responsable de ma vie et je veux la vivre au présent.

Mon cœur pense à Rose, ma mère adoptive, ma mère : j'ai deux mères. J'ai hâte de parler à Rose. Moi, Henriette, la mal-aimée, la malchanceuse, la malheureuse, *je suis riche de l'amour de deux mères.*

Le lendemain, à l'heure du petit déjeuner, je téléphone à Rose.

— Maman, je t'appelle pour te dire que je t'aime. Je t'appelle pour te dire merci de m'avoir adoptée.

— C'est un beau réveil, ça, me dit une voix encore fripée de sommeil.

— Ah! Tu dormais encore? Excuse-moi.

— C'est pas grave du tout. Tu as toujours été une bonne surprise pour moi. Je me suis fait un cadeau quand je t'ai adoptée.

— Oui, c'est ça, maman, tu t'es fait un cadeau surprenant... et qui dure longtemps.

Je tais à Rose les recherches que j'ai entreprises, car je ne veux pas lui faire l'ombre d'une peine. Je sais maintenant que je suis une enfant de l'amour, de *cet enfant de Bohême qui n'a jamais, jamais, connu de loi.* Je suis née en dehors de la loi des hommes. La Vie a choisi un moyen illicite, irrégulier de m'insérer dans son courant. Je vais chercher le sens de ma vie, une vie ouverte à tout, même à l'irrégulier, au surprenant, au non-conventionnel.

Je me sens investie de tous les pouvoirs, même de celui de pardonner... Je retire ma haine contre ma génitrice, contre ma mère. Je pardonne à cette femme de m'avoir donnée en adoption. J'accepte l'abandon de ma mère, je cesse de combattre, car je veux me lier de nouveau à cette femme par la pensée. Et avec le pardon me vient le désir de ne plus m'abandonner moi-même.

Cependant, dans tous mes nouveaux pouvoirs, je ne trouve pas celui de pardonner à mon géniteur, car je suis certaine que s'il n'avait pas abandonné ma mère, elle ne m'aurait pas abandonnée. Si je lui pardonnais, à lui, mon père biologique, je me sentirais, comme envers Jérôme, faible, perdante, abusée. Jérôme m'a blessée plusieurs fois, et si je lui pardonne, je crains qu'il ne me blesse encore. Je ne sais comment me protéger. Jérôme a abusé de ma bonne foi; il doit réparer. Réparer, c'est le faire soupirer pour son pardon, c'est m'offrir un amant sans que je ressente de culpabilité.

Certains jours, il me semble que j'aurais inventé l'amour autrement. J'ai toujours besoin d'être aimée et je confonds liberté et libertinage. Il me manque quelque chose : je ne suis plus capable d'aimer. En ai-je jamais été capable? Et si ma capacité d'aimer était aussi grande que mon besoin d'être aimée, alors je ne voudrais pas offrir ce trésor à n'importe qui, pas à un alcoolique, en tout cas. Parfois, je crains de perdre mon discernement si je recommence à aimer. Et moi qui veux vivre ma vie au présent, sans éprouver les ressentiments du passé, je suis prise au piège. Des voix parentales me murmurent :

«Tu es égoïste! Avec la belle sobriété de Jérôme, résigne-toi si t'es pas capable d'accepter. Pour l'honneur, tu dois rester, pour faire bonne figure à côté de ton mari.»

Les mêmes voix continuent sur un autre thème :

«Ce n'est pas si important, le plaisir! Fais semblant, pense à autre chose. Pour une femme, le plaisir d'amour est moins important. Mais c'est *comprenable* pour un homme... Une femme qui se respecte ne parle même pas de cela. Elle se sacrifie!»

Et elles concluent :

«Prie la bonne Sainte Vierge.»

Je hurle en dedans et au-dehors :

«Non, non, et non! Ce n'est pas ce que je veux vivre. Mes besoins sont aussi importants que ceux des autres.»

Je crains d'avoir à quitter Jérôme. Plus je lutte, plus mon problème se complique. Un soir, un billet m'attend sur mon oreiller:

Mon amour,

Pourras-tu jamais me pardonner de t'avoir si mal aimée pendant toutes ces années? Tu es ma seule raison de vivre. Je t'aime, je t'aime! Je voudrais le crier, le crier si fort.

Mon amour, je te promets que pour le reste de nos vies, nous serons toi et moi, l'homme et la femme les plus heureux du monde.

P.S. Si je dors au moment où tu liras ces lignes, je te supplie de me réveiller quand tu auras terminé.

165

Une douleur à tordre l'âme se répand dans tout mon être bloqué. Je demande alors à la Vie, qui a suscité en moi le pardon envers ma mère biologique, de préparer les voies du pardon envers Jérôme, envers cet homme capable d'un amour si fervent, si loyal, si intense.

***

Pour Freud, l'interprétation des rêves est la voie royale pour parvenir à la connaissance de l'âme. Message de l'inconscient, le rêve devient dialogue entre le conscient et l'inconscient; il explique nos véritables relations avec notre entourage. On ne rêve pas seulement parce qu'on a des complexes, mais parce qu'une évolution se fait en nous. Dormir, ce n'est pas arrêter de vivre; rêver, c'est vivre dans une autre dimension. Même qu'au Moyen Âge, le rêve était considéré par l'Église catholique comme une activité cérébrale qui pouvait mettre l'homme en contact avec des esprits malins.

Point n'est besoin de consulter un grand maître pour expliquer les rêves empreints de sensualité et d'érotisme qui ont peuplé mes nuits cet été-là. Si seulement j'avais pu arriver à transposer leur volupté dans ma vie quotidienne!

***

Toute la famille est réunie et prend part au jeu «À qui je te fais penser?» Une fois sensibilisé aux symboles, on peut s'amuser des réponses spontanées qui fusent.

Il s'agit d'une nouvelle façon d'exprimer les sentiments, d'une méthode humoristique où l'allégorie devient plaisante tant pour le questionneur que pour le questionné. Les enfants se régalent des réponses des grandes personnes et se taquinent à qui mieux mieux.

Au souper qui rassemble la famille autour de la table, Marie-Ève interroge son frère :

— À quel pays je te fais penser?

— Ben hier, c'était au pôle Nord; aujourd'hui, c'est à la Suisse.

— À quel vêtement je te fais penser? Mais je te préviens, Patrick, t'as pas le droit de dire : à une couche de bébé.

— O.K. alors! À une chasuble.

— Ah zut! Qu'est-ce que c'est? Non, je vais pas chercher le dictionnaire maintenant. On continue. À quel instrument de musique je te fais penser?

— À un banjo!

— Ah ça, j'aime bien. À quel aliment?

— À un radis... pour aujourd'hui, avec ta coiffure.

— Erk! Attends à ton tour, toi! À quel animal je te fais penser?

— À un saint-bernard avec un insigne de policier. Tu me suis partout!

Pour éviter que la sauce ne se gâte, Jérôme intervient:

— Les symboles parlent d'eux-mêmes, les enfants. Les commentaires sont superflus.

Marie-Ève n'est pas du tout de mauvais poil et elle ne semble pas s'offusquer des remarques de son frère. Elle adore jouer à ce jeu avec son père et entend bien conserver les conditions favorables à la poursuite de l'activité.

— À quel meuble je te fais penser?

— J'aimerais bien que tu sois un genre de tabouret pour allonger mes pieds; mais réellement, ma petite sœur, tu me fais penser à une lampe. T'es toujours allumée. Là, tu es contente?

Marie-Ève sourit, reconnaissante.

— À quelle couleur?

— Hum! Je sais pas... Les filles, c'est rose.

— Pourquoi tu fais semblant d'être macho? Allez, maintenant, sois gentil pour la dernière question. À quelle partie du corps je te fais penser?

— À un doigt!

— Quelle drôle d'idée! Je ne vois pas!

— Parce que tu le mets toujours dans ton nez!

Le doigt menaçant, Marie-Ève poursuit son frère, qui fait semblant de s'enfuir.

*** * ***

Les symboles m'habitent. Et voilà que naïvement, j'ai envie d'écrire de la poésie.

TES MAINS

Lorsque tu cesses de m'être lumineux
Je me demande si le soleil encore existe
Je me perds dans des sentiers sinueux
Je sens s'abattre sur moi tous les maléfices

Aux quatre coins de l'univers
J'ai effleuré des mains
Qui n'étaient pas les tiennes
Que donnerais-je pour que tes mains
Reviennent dans les miennes

Je suis sur le point de connaître
La véracité de mon être
Je suis en état d'apprendre
Ce vers quoi je ne cesse de tendre

Au bord de l'agonie, tes mains me happent
Toujours elles me rattrapent
Pourquoi laisser le désespoir m'envahir
Quand je sais qu'elles vont revenir?

Je n'ai pas de doute sur ta sensibilité
Aussi mes moments de conscience je te fais partager
Encore et encore. De moi pourrais-tu te lasser?
Et puis... que peut-il m'arriver?
De ton amour être privée?

Jamais!

* * *

Nous sommes à la fin de septembre 1980. Je suis seule pour quelques jours, Jérôme ayant accepté une invitation pour des vacances en Haïti. Le mercredi, comme à l'accoutumée, je rencontre mes amies du groupe de réflexion. Depuis quelques semaines, nous discutons à partir de l'énoncé suivant : Nous avons courageusement procédé à un inventaire moral et minutieux de nous-même. Notre outil, le bouquin consulté, m'amène en moi-même comme jamais auparavant :

La nature nous a donné des instincts pour atteindre un but. Si les hommes et les femmes ne recherchaient pas leur sécurité personnelle, ne faisaient aucun effort pour se procurer de la nourriture ou se construire des abris, personne ne pourrait survivre. S'ils ne se reproduisaient pas, la terre ne serait pas peuplée. S'il n'y avait pas d'instinct social, si les hommes n'aimaient pas vivre les uns avec les autres, il n'y aurait pas de société. Ainsi, ces désirs – désir des relations sexuelles, désir de la sécurité matérielle et émotive et désir de vivre en société – sont parfaitement nécessaires et légitimes. Quand ils sont hors de proportion, les désirs naturels de l'homme lui causent des difficultés graves, presque toutes les difficultés qui existent... Presque chaque problème émotif grave peut être considéré comme le résultat d'une impulsion mal dirigée... Nous voulons trouver comment, quand et où nos désirs naturels ont déformé notre esprit... L'orgueil et la peur nous écrasent chaque fois que nous essayons de regarder en nous-même. L'orgueil dit : Tu n'as pas besoin de passer par ici; et la peur dit : Tu n'oseras pas regarder.

Alcoholics Anonymous World Services Inc.

169

Je médite sur ces dernières phrases, alors que je marche seule pour rentrer chez moi. Je me sens comme au bord d'une crevasse. Instinctivement, mes pas s'allongent pour enjamber la fissure, ou ils se raccourcissent pour l'éviter, pour la retarder :

Tu n'as pas besoin de passer par ici : Tu n'oseras jamais! me dis-je intérieurement.

Ma condition d'adoptée refait encore surface. Une fois de plus! Rendrait-elle les choses plus compliquées, inextricables? Le remède à ma souffrance s'était-il perdu dans la nuit des temps?

La peur de l'émotion, peur la plus néfaste, celle qui brime tous les processus de libération[9] m'assaille, me tourmente. Avec vaillance, je reste présente à moi-même; je reste lucide.

J'entre chez moi par la cuisine; le soleil nimbe de lumière et de chaleur la pièce familière. Je suis seule, pas pressée d'entreprendre une activité. Je m'assieds à la table, attentive à ce qui se passe en moi et à la luminosité de cette fin d'été. Alors, un phénomène jamais vécu s'impose à moi.

Comme sur un écran, je vois ma vie défiler devant mes yeux. Toute mon existence, depuis le drame de mes quatre ans jusqu'à aujourd'hui. Les circonstances, les événements s'emboîtent logiquement, s'enchaînant à la vitesse de la lumière. Je les vois, les reconnais, les comprends ! Moments de grâce, de lucidité extrême.

Je comprends tout le scénario de ma vie. L'écran me permet de constater que chacun de mes actes est guidé par deux motifs : le premier, le visible par tous, souvent le louable, puis l'autre, le caché, mais toujours le même : *être la plus aimée*. Motif profond : tout faire pour être aimée plus que les autres, pour ne jamais manquer d'amour, pour ne pas être abandonnée... tout, de la naïve orpheline à la rusée séductrice, tout. Cette soif de domination, d'être la plus aimée des enfants, la plus aimée des nièces, la plus aimée des étudiantes, la plus aimée des épouses, la plus aimée des maîtresses m'a laissée seule. Car en voulant être la plus..., je suis aussi la seule... et cela peut durer toujours.

Je vois alors clairement que rien, qu'aucun de mes malheurs n'est la faute des autres. Je vois d'ailleurs comment j'ai pu influencer les autres. Et je prends conscience que c'est moi seule qui peux interrompre ce scénario. Trente années pour me rendre compte que je peux utiliser mes talents pour me faire aimer, ou que je peux m'en servir pour aimer. Je peux choisir de consumer mes talents ou les développer, je peux me bâtir grand ou me rétrécir.

En exigeant toujours plus d'amour, j'étais comme un vase troué. Peu importe la quantité de liquide qu'on y verse, il ne se remplit jamais, il y a toujours un manque. J'étais tellement occupée à remplir le vase que je n'ai jamais eu un regard pour le vase... ni pour les autres vases.

J'ai envie d'aller vers les autres. Je perçois soudain que tout le monde est O.K., correct. Je ne suis plus une victime, je ne fais plus pitié. Personne ne fait pitié d'ailleurs, car chacun fait ses propres choix. Je fais la distinction entre pitié et compassion.

J'ai envie d'être avec les autres. Je me sens faire partie de la nature, de l'univers. J'ai ma place, je suis unique, à côté des autres, eux-mêmes différents. Je fais partie du grand casse-tête de l'univers, comme les plantes, les animaux, les êtres humains, mes parents, mes amis, mes enfants et... Jérôme. Oh! Jérôme! Quelle aveugle j'ai été! C'est cette soif démesurée d'amour, mon amour, qui m'a empêchée de t'aimer, de me relier à toi, de m'abandonner à toi. Et s'il était trop tard? Combien de temps me faudra-t-il pour réparer mes erreurs, mes violences envers toi? Et envers les autres? Envers mes enfants?

Ce revirement de situation me foudroie. En comprenant comment j'ai aussi blessé les autres, un désespoir noir me submerge : pendant plusieurs secondes, je cherche confusément un refuge : la folie... le suicide... Pour la première fois de ma vie, je comprends Judas. Je me sens si démunie, si impuissante à réparer les dégâts causés par mon orgueil et par mon égoïsme. Je souhaite un miracle, ou la certitude qu'il y en aura un... Puis le miracle se matérialise dans ma pensée. Oui, le miracle, c'est les autres, les êtres humains qui m'entourent. Je ne suis plus «la seule», je ne suis plus seule.

***

Au bout du fil, j'entends la voix rieuse de Denise-Éva:

— Ce que la chenille appelle la fin d'un monde, le Maître le nomme *papillon*.

— Tu veux dire que rien n'est perdu? Que le plus beau reste à venir?

— Oui. Tu vois, prendre conscience de ses faiblesses, c'est une grande force, peut-être la plus grande. La force de l'humanité est de survivre à ses erreurs.

***

Dieu que j'ai hâte que Jérôme revienne de vacances! La gamme de mes souffrances reflète sûrement toutes les nuances de mes futures jouissances. Pour tromper l'attente, j'entreprends de redécorer notre chambre. Les murs beiges deviennent d'un rose chaud; les lourdes draperies font place à la dentelle; je répands de l'encens, j'allume des chandelles.

Je suis à l'aéroport, l'avion se pose et lorsqu'enfin je l'aperçois près des douaniers, un soulagement décompresse ma poitrine. Je tombe dans ses bras. Je le ramène à la maison. Je n'ai plus qu'une idée en tête, rattraper le temps. J'ai hâte que les enfants se couchent pour l'avoir tout à moi, dans notre nouvelle chambre, dans notre nouvelle vie.

* * *

Je suis toujours en train de lui écrire des lettres d'amour que je dépose partout.

Le matin, sur le miroir de la salle de bain :

À mon amant pour son réveil,
«Je vous conjure, filles de Jérusalem
Par les gazelles, par les biches des champs
N'éveillez pas, ne réveillez pas mon amour
Avant l'heure de son bon plaisir.»

Le Cantique des Cantiques

Devant toi, je me sens comme Ali Baba devant son trésor, un trésor pouvant acheter tous les empires. Quelquefois, j'ai peur que la mort vienne me ravir mon extase.

Dans la poche de son pantalon :

Il y a un espace pour toi entre mes cuisses
Il y a un lieu pour ta chair dans mon ventre
Mon corps t'aspire
Mon âme te désire
Je veux t'aimer pendant deux éternités.

C'est seulement après coup que je peux imaginer la tête qu'il fait quand il trouve le billet doux au moment où il cherche de quoi payer l'addition.

Sur l'oreiller :

Quel bonheur j'ai à écrire les mots, «Jérôme mon amour», et à savoir que tu les liras. Chaque nuit, chaque matin qui m'est donné voit mon cœur se remplir d'allégresse et de reconnaissance; des hymnes à l'amour me montent à la tête, des poèmes de volupté me hantent.

MOUVANCE ÉROTIQUE

Telle une Schéhérazade, c'est par milliers
Que ta présence habite mes nuits
Que mon corps se moule au tien, silencieux roumi
Aucune mélopée ne peut traduire cette volupté

173

C'est dans notre chambre romantiquement drapée
Où les voiles par chacun de leurs replis
Évoquent nos innombrables idolâtries
Que mon cœur et mon corps vont t'érotiser

Dans ces roses chauds de chair de femme
Où l'osier se marie à la dentelle
Dans ces odeurs d'encens et de chandelle
En ces climats notre folie noua sa trame

Dans ces décors persans ou dans la pauvreté
De quelques couvertures jetées sur un plancher
Ou dans des lieux de plus de somptuosité
Pourvu toujours qu'à toi mon corps s'abandonner

Repoussant le sommeil de quelques instants
Les yeux fermés je m'imagine aisément
Ouverte pour te prendre tout entier
Étroite aussi, serrée, modelée
À chaque vague de tes chairs frissonnantes
Dans l'antre de leurs passions concupiscentes

Et puis malgré tes coudes pour la retenir
Je m'excite de ta large poitrine et de son odeur
Pressant sur mes seins glissants de nos sueurs
Que j'aime ta façon de prendre ton plaisir
Tendrement, haletant, irrésistiblement
Comme avec la première femme un adolescent

Et je m'endors
Rassurée, sentant tout du long de ma hanche
Ton sexe lascivement se dresser
Au centre de notre chaleur qui s'épanche
Parmi nos corps entrecroisés.

Près de la cafetière :

Ce matin, j'ai un cœur et un corps reconnaissants.
Je veux t'aimer en quantité et en qualité, tellement que tous les
hommes de la terre envieront ton bonheur.

Je veux que tu te sentes le mieux possible pendant ton séjour terrestre.

J'ajoute parfois un post-scriptum pratique :

La clé du chalet est dans le sac de literie. Mets le pâté chinois au four à dix-huit heures.

Je sais bien que ces lettres, que ces mots sont exagérés. Mais j'ai si longtemps attendu que la passion revienne, j'entends bien la savourer, d'autant plus que Jérôme, qui parle peu, me disait l'autre jour :

Je suis rendu que je cherche une lettre d'amour quand t'es pas là.

L'inspiration ne manque pas pour poursuivre ma correspondance ni l'imagination pour trouver des endroits où la déposer. Pourtant, quelques semaines plus tard, un soir d'octobre, Jérôme me dit, en roulant la tête d'un côté à l'autre :

— J'ai encore mal à la nuque. La douleur se rend même jusqu'aux épaules.

— C'est probablement dû aux premières fraîcheurs de l'automne, mon chéri.

— Je ne crois pas. Ça dure depuis des semaines, peut-être bien quelques mois. Ça part, ça revient, insista-t-il.

— T'aurais besoin d'être frictionné. Veux-tu que je te fasse un massage?

— Écoute, Henriette, c'est pas dû à la température. Ça dépend d'autre chose. Faut que je t'en parle.

À travers les années, Jérôme avait toujours cacher sa sensibilité d'écorché en conservant des dehors impassibles, presque austères. Difficile à quiconque de savoir ce qui se passait derrière ce beau regard noir.

Je m'assois donc en face de lui, à l'autre bout de la table. Nerveusement, Jérôme continue à se masser la nuque. Puis, après un profond soupir, à nouveau immobile, il commence d'une voix réfléchie :

— Devant ton attitude des dernières semaines, je suis pris au dépourvu. Je vois en moi deux sentiments.

Faisant une pause, il baisse les yeux, regarde ses mains que j'aime tant, puis il enchaîne, son regard plongé dans le mien :

— Le premier est que je me sens aimé de toi et que je trouve ça soudain, très soudain. Le second... c'est un fond de culpabilité, dû au fait que j'accorde du temps à une autre personne que toi... à une autre femme... bien que notre relation soit différente.

Une sueur glacée brûle mon dos, mes aisselles; mon cœur bat si fort que je l'entends dans mes oreilles. Les yeux secs, j'écoute Jérôme.

Chapitre quatre

LES ANNÉES VERTES
(1983 - 1987)

Prendre un enfant par la main...
Prendre un enfant par le cœur...
Yves Duteil

JE NE SUIS PAS AU CLAIR AVEC TOUT ÇA. Je ne veux pas me rapprocher de toi tout de suite, en abrégeant ma relation avec cette autre femme.

— Mais qu'est-ce que tu veux? lui dis-je en avalant péniblement ma salive.

— Je veux former avec toi un couple autonome, mais lié par l'amour, la confiance, la liberté, par l'entraide mutuelle. Un mariage vrai.

— Et elle? lui dis-je, les larmes roulant maintenant en abondance sur mes joues.

Sans paraître m'entendre, Jérôme continue :

— Avec toi, je rêve d'une relation incroyablement douce et bonne.

— Et plate! lui fais-je remarquer, ulcérée, passant de la peine à la colère. Qu'est-ce que tu voulais dire tantôt par «bien que la relation soit différente»?

Avec une honnêteté tranquille que je lui envie, Jérôme s'explique :

— Avec cette femme, je vis quelque chose que je n'ai jamais vécu ni avec mes parents ni avec toi. Je me sens apprécié, reconnu.

Mes pleurs redoublent, et mes larmes tombent en grosses gouttes sur ma jupe de lainage qui les absorbe comme un buvard. Il me semble que tant que je fixe mon vêtement, le temps demeurera suspendu. Pétrifiée, je laisse mes pensées venir et disparaître. J'ai si souvent pleuré pour arriver à mes fins. Mais ce soir, mes larmes n'ont jamais été aussi honnêtes. Je suis blessée d'être comparée. J'ai peur de perdre mon amour, mais aussi j'ai mal d'entendre pour la première fois ce besoin de reconnaissance de Jérôme, ce besoin jamais «entendu», jamais comblé.

C'est alors qu'un sentiment nouveau, sentiment dont je ne me serais jamais cru capable, surgit en moi. Une sorte de soulagement, de bonheur. Presque du plaisir. Et je m'entends dire à Jérôme :

— À cause de l'amour et de la confiance que j'éprouve pour toi, je suis capable de me réjouir de ton bonheur, même si c'est quelqu'un d'autre qui t'as rendu heureux.

Jérôme me répond, les prunelles brillantes :

— Henriette, sois certaine que la vie n'est jamais plate avec toi!

Tout entière à mon besoin d'être aimée, je n'avais donc jamais été capable de voir le besoin de mon compagnon de vie. J'avais cru que son bonheur était de combler mes besoins à moi. *Chacun de nous a donc une grande blessure dans son cœur et un grand besoin à satisfaire. L'endroit où se trouve ma blessure est aussi celui où loge ma force.*[10] Je connais maintenant la différence entre aimer et apprécier, et c'est parce que je suis capable de l'apprécier que Jérôme est aussi secoué. D'accord, ce que j'avais craint est arrivé; il y en a une autre dans la vie de Jérôme, mais il ne parle pas de me quitter. J'ai encore une chance.

Et la même foi qui m'avait permis de survivre à l'abandon de ma mère et de surmonter l'alcoolisme de Jérôme me souleva. Le plus grand péché qui soit est celui de désespérance. Et, consciemment maintenant, je comptais bien utiliser toute ma *séduction*.

* * *

Un après-midi, à mon retour du travail, je regarde sur la table de la cuisine la lettre que j'avais laissée le matin même pour Jérôme. De son écriture d'enfant, Marie-Ève avait ajouté :

Moi osi je t'aime maman
Ne cri plus
ooo xxx ♥ ♥ ♥
o = *kares*

X = bec

♥ *= je t'aime*

D'habitude, j'aurais à peine vu le message de ma fille. Mais cet après-midi-là, je le comprenais.

«Ben oui, me suis-je dit, et les enfants là-dedans? Vos enfants, à toi et à lui, qu'est-ce que tu en fais?»

L'épouse et la maîtresse en moi l'ont toujours emporté sur la mère. J'avais toujours vu ce que les enfants me prenaient, me demandaient. Ils avaient d'abord habité mon corps, ensuite ils avaient pris mon temps, mon argent, mes énergies. Je n'avais encore jamais bien vu ce qu'ils me donnaient. Je les supportais comme un mal nécessaire, une conséquence attachée au grand plaisir de l'amour. Puis là, maintenant, aujourd'hui, ma pensée et mon cœur entrevoient ce que ces êtres m'offrent si généreusement. Je comprends que les paroles et les gestes des enfants ou des adolescents se décodent non seulement avec les yeux et les oreilles, mais surtout avec le cœur.

***

Un soir, me préparant pour une sortie avec Jérôme, Marie-Ève me suit pas à pas, de ma chambre à la salle de bain, imitant mes gestes, reniflant mon parfum. Tout à coup, elle me demande le plus sérieusement du monde :

— Maman, as-tu fait ton testament?

— Mon quoi?

— Ton testament...

Je me retiens de lui dire que je suis pressée, que je suis trop jeune pour mourir et qu'elle est vraiment trop morbide. Ce soir-là, je m'arrête, cherchant à comprendre ce qu'il y a derrière sa question d'enfant. Le coude sur ma coiffeuse, le menton dans sa main, Marie-Ève explique :

— Ben oui, maman, hâte-toi de faire ton testament et d'écrire que tu me donneras la belle robe que tu portes. Car tu es si belle avec cette robe que peut-être, moi aussi, quand je serai grande, je la porterai et je serai belle comme toi.

Je souris à ma fille en acquiesçant. En rassurant ma fille, un souvenir lointain remonte alors à ma mémoire : ma mère Rose se prépare à sortir, elle sent si bon que c'est un bonheur, mais un malheur aussi, car j'ai peur que mon père se la fasse enlever, j'ai peur que quelqu'un me ravisse ma mère.

**

Désirant changer d'orientation professionnelle, Jérôme termine un certificat en toxicomanie. Il accepte un travail en relation d'aide dans un centre de réhabilitation pour alcooliques et toxicomanes, à plusieurs kilomètres de chez nous. Il dormira sur les lieux quatre soirs sur sept. *Qui n'a pas connu l'absence, ne sait rien de l'amour.*[4]

La vie à deux me semble tout aussi héroïque que la vie monastique. J'ai parfois peur de perdre Jérôme, les soirées me semblent longues. Je ne puis le juger, car j'ai moi-même dû vérifier, que «souvent, aller plus loin avec quelqu'un, c'est aussi aller plus près». Je dois être de l'étoffe des grandes amoureuses, car je suis capable d'écrire cette poésie pour lui.

CHANT D'UNE SIRÈNE

De combien de cœurs as-tu fait l'abordage
Et combien ont fait naufrage
Ô séduisant conquistador
Avant que tu ne reviennes à notre port?

Suis-je la fille de l'innocence
Se languissant pour sa délivrance?
Ou bien encore cette batailleuse
Jouant, rusant, ensorceleuse?

Viens, viens prendre quelque repos
Sur notre couche, un autre de tes vaisseaux
La mer n'est pas houleuse
Elle peut même se faire mélodieuse.

J'occupe ma solitude en lisant et en goûtant les joies familiales. Je me rapproche de Marcelle, de Micheline, de Christine et de Brigitte. Durant cette recherche si intense de moi-même, j'ai laissé un espace s'élargir entre elles et moi; je découvrais l'amitié avec Al-Anon. Je comprends maintenant que nous choisissons consciemment nos amis, mais pas notre famille et que puisqu'il en est ainsi, il doit bien y avoir une raison. La famille et les relations familiales sont un cadeau de la vie pas toujours facile à comprendre. Arrivées à l'âge adulte, malgré nos «airs de famille», mes sœurs adoptives et moi nous nous découvrons très différentes moralement et physiquement. Parce que le lien du sang n'existe pas, nos différences nous relient, nous soudent, nous rassemblent autour de Rose et d'Henri. En m'éveillant aux douceurs d'une tendre relation avec ma fille, je deviens sensible à la filiation, au fluide conducteur entre grand-mère, mère et petite-fille. Maintenant en paix avec ma mère biologique inconnue, je veux maintenir fort le lien avec Rose, afin de jouir plus complètement des bonheurs du lien avec ma fille. Les petits-enfants sont les alliés naturels des grand-parents qui se montrent d'une très agréable compagnie lorsque l'occasion de se raconter, d'être entendu, leur est donnée. Je dois convenir que je cherche souvent dans les livres ce que l'expérience et les récits d'Henri, devenu sobre lui aussi, me relatent avec simplicité. Mais depuis que j'ai appris à lire, la lecture m'amène toujours vers des contrées nouvelles et séduisantes dont je ne voudrais plus revenir. La lecture et la solitude me ménagent de longs silences. Et c'est à cause du silence que tout existe. Le silence me place aux rivages de l'amour, alors qu'il touche en moi le centre, et au centre, au noyau, c'est toujours du silence.

En plus des lectures exigées par mon retour aux études, j'ai le temps de consigner des résumés de livres lus. Je m'intéresse à tous les genres littéraires. Les romans historiques me captivent tout particulièrement, peut-être parce qu'ils rejoignent en moi l'inconscient collectif.

À travers Jeanne Bourin, mon auteur favori, je peux enfin me permettre de dire tout haut ce que je pressentais tout bas depuis des années : la sensualité est un moyen de louer Dieu. Madame Bourin – le saura-t-elle un jour – contribue à réunifier en moi la femme, l'amante et la croyante. C'est la rencontre d'un homme, qui m'a permis de joindre les plaisirs de la chair à ceux de l'âme alors que notre corps lui-même est l'instrument de cette union. J'ai reconnu que le coït était un acte sacré.

Il n'y a pas si longtemps que l'on se marie par amour, et encore moins longtemps que l'on tente de rester ensemble par amour. Je vois mon couple passer de la dépendance symbiotique des premières années à l'indépendance déchirante actuelle pour chercher à accéder à une forme d'interdépendance harmonieuse. Dorénavant reliée à moi-même, je suis maintenant capable d'une interdépendance avec l'autre qui tarde à se rapprocher.

Entouré comme il l'est d'amies et d'amis tellement différents de moi et de mes valeurs, parfois j'ai peur que Jérôme m'oublie, qu'il choisisse de poursuivre une autre relation.

Pouvait-on avoir vécu, peau à peau, lèvres et langues sur chaque parcelle du corps de l'autre, avoir partagé le même idéal et qu'il ne reste rien; que ce passé ne soit inscrit quelque part sur soi, avec une encre invisible mais indélébile.[5]

Jour après jour, je choisis de demeurer là. Plus forte que ma peur, je discerne que, dans son intensité alcoolique, Jérôme est *un personnage de flamme et de glace, trempé par les événements de la vie*[3] et qu'il saura faire la juste part des choses et des gens. Un vieil ami qui connaissait bien l'amour me disait : «Lorsque tu décides de vivre avec quelqu'un, il faut apporter trois valises; la première remplie de patience, la deuxième pleine de patience, et enfin la troisième... bourrée de patience.»

La lecture, tout en me faisant rêver, cultive ma patience. En plus de m'offrir l'évasion, le volume *Quand Dieu était femme* confirme et nourrit chez moi l'idée que je me fais des nouvelles relations hommes-femmes. Cet ouvrage porte sur les religions féminines antérieures aux religions masculines connues (judaïsme, christianisme, islamisme). À l'époque dont il est question, le pouvoir des femmes, qui était basé sur le phénomène encore mystérieux de l'enfantement, était aussi prépondérant que celui des hommes dans les religions masculines actuelles.

Depuis des siècles, voire depuis des millénaires, nous vivons d'incessants retours du balancier, passant du matriarcat au patriarcat. La suprématie d'un dieu masculin s'est imposée lorsque le mâle a pris conscience que l'enfant était le fruit du coït, reléguant la femme à un rôle d'incubateur. Le féminisme et la lutte des femmes sont nécessaires, mais une nouvelle ère du matriarcat n'est pas plus nécessaire qu'une prolongation du patriarcat.

Les grands bouleversements sont étroitement liés aux mœurs sexuelles. L'avènement de la contraception serait-il l'aube d'un équilibre, d'un dialogue véritable basé sur l'autonomie de chacun, sur le respect par chacun et le plaisir pour chacun? Plaisir de la relation authentique, sur tous les plans; spirituel, intellectuel, physique. Utopie ou nouvelle avenue? J'orientais tous mes efforts dans ce sens.

Pour moi, le désir d'enfant est le désir de poursuivre le dialogue avec l'autre, d'étendre le bonheur et le plaisir avec l'autre.

Moi qui avais si longtemps eu peur de me perdre dans les besoins tyranniques, «vampirisants» des enfants, voilà que je me nourris maintenant de leur fraîche présence.

* * *

Un soir d'hiver, j'interrompis ma lecture pour regarder Patrick, assis dans la chaise berçante :

— T'as l'air d'aimer ça, te bercer, lui fais-je remarquer. Je n'avais pas de berçante quand tu étais petit. Je le regrette.

Après un Ouais! de surprise, mon fils de seize ans propose :

— Viens, je vais te bercer!

— Je suis trop lourde, protestai-je, tout de même tentée.

— Ben voyons, m'man, fait-il en haussant ses épaules carrées.

Je tourne mon livre sur la table et, avec un demi-sourire sur les lèvres et une pointe d'émotion dans la gorge, je m'assois sur la cuisse offerte de mon fils.

La chaise a à peine commencé à s'actionner que Marie-Ève présente sa frimousse dans l'embrasure de la porte :

— Et moi? dit-elle en s'avançant vers nous.

— J'ai une cuisse de libre, répond Patrick tendant la main.

À trois sur la berçante baignant dans la lumière chaude et légèrement tamisée, comblée, émue par le langage privilégié de nos respirations toutes proches, je respire dans les chevelures entremêlées l'odeur de mes enfants. Seuls le craquement de la berçante et le sifflement du vent à la fenêtre accompagnent le souffle chaud de nos trois respirations. Amis et amies qui lisez ces lignes, comprenez qu'aucune fortune au monde ne peut et ne pourra jamais acheter ces moments. Ces instants de communication sans parole me dispensent une force qui me rend capable de traverser tous les obstacles, y compris ceux de l'adolescence.

Je remercie le ciel de m'avoir permis de percevoir à temps la beauté de mes enfants. Je suis consciente également que j'ai été bien près de tout rater. Et chaque fois la même image, une sorte de cauchemar éveillé, s'impose à moi.

Mes enfants sont dans une cage d'ascenseur. Les portes glissent pour se refermer. Avec l'énergie du dernier espoir, je décide à la toute dernière minute de courir pour les rejoindre, pour monter avec eux.

J'entre de justesse dans l'ascenseur; les portes claquent si vite derrière moi que, soulevé par ma course, un pan arrière de mon vêtement y reste coincé.

Chaque fois que je me représente cette scène, un ouf! de soulagement détend ma poitrine.

* * *

J'éprouve deux difficultés majeures dans l'éducation de mes enfants. La première vient de la grande influence qu'a exercée sur moi la lecture d'un livre, *Libres Enfants de Summerhill*. Quelques années plus tôt, dans notre ardent besoin de liberté personnelle, Jérôme et moi avions appliqué le système d'éducation préconisé dans cet ouvrage. Nous avions cru en la capacité de nos enfants à s'autodiscipliner. Et maintenant, le désordre de la chambre de Patrick est devenu tel qu'il l'apporte avec lui à travers toute la maison. Comment faire machine arrière?

Ma seconde difficulté découle de la première, à laquelle s'ajoute ma solitude et une sorte de démission de Jérôme. Devant les dernières notes, pitoyables, du bulletin scolaire de Patrick, il rage :

— Si tu veux faire un chômeur, c'est ton choix, t'es bien parti... Avec tous les talents que tu as!... Ça me choque trop, je ne veux plus rien voir, ni toi ni tes notes.

Pendant un bref instant, je me dis que Jérôme a raison, que Patrick est un être libre. Une peine immense, surgie de l'affrontement et du rejet père-fils, me blesse. Je désire si fort la paix que je suis prête à l'acheter, en abdiquant moi aussi.

Puis non, me dis-je. Patrick a encore besoin d'être guidé. Il n'a que seize ans. Si Jérôme ne veut pas ou ne peut pas m'appuyer, tant pis! Je sais bien que je ne peux être père et mère à la fois, mais je remplirai de mon mieux ma partie du contrat, sans éprouver d'amertume contre Jérôme. C'est ça, la vraie paix. Et puis, la vie, c'est long et bien surprenant; j'en sais quelque chose. Jérôme pourra toujours s'ajuster plus tard.

Je reviens donc seule vers Patrick :

— Mon grand, ta réussite scolaire me tient à cœur. Que penserais-tu d'une heure d'étude chaque soir de la semaine pour avoir droit à ta sortie au Paladium du vendredi soir?

D'emblée, mon fils accepte trop facilement et sans discuter :

— OK, m'man!

La semaine suivante, il fait semblant d'étudier. Quand le vendredi soir arrive, ma décision le surprend :

— Je ne peux pas te laisser aller au Paladium ce soir, Pat!

— Ben voyons, m'man! J'ai assez étudié. Y a pas d'examen de ce temps-ci, dit nonchalamment Patrick en se dirigeant vers la porte.

— Non, Patrick, ce n'est pas ce qu'on avait convenu, lui dis-je en me plaçant en travers de la porte.

— Laisse-moi passer... J'étudierai demain... Promis.

Patrick finit par retourner dans sa chambre en bougonnant et en claquant la porte. Au bout d'une heure ou deux, le trop grand silence m'attire dans la chambre de mon fils, suivie d'une Marie-Ève très intriguée. Devant la pénombre, je baisse la voix :

— Il dort, dis-je en distinguant une forme sur son lit.

— Regarde, maman, reprend Marie-Ève, Patrick a attaché ses draps par la fenêtre... comme dans les films.

Je soulève les couvertures pour constater le subterfuge : un mannequin improvisé. Piquée au vif, je me dis : «Ça ne se passera pas comme ça.» Je saute dans ma voiture, direction : le Paladium. Je cherche, je le fais appeler au microphone. Rien, pas de Patrick!

— Il doit être au petit restaurant où il va régulièrement, murmurais-je.

Rien non plus à cet endroit. Je circule dans les rues avoisinantes. Lentement, ma colère tombe pour faire place à l'inquiétude et à la culpabilité.

— Il a fait une fugue! constatai-je. Que va-t-il lui arriver? S'il fallait qu'il ne revienne plus! Oh! mon Dieu! C'est pas possible! J'ai dû être trop sévère.

Revenant à la maison pour attendre le retour de Jérôme et décider d'une ligne de conduite, je reconnais alors dans la neige fraîche les empreintes de pas de mon fils. Je monte en trombe les marches du perron pour le découvrir, appuyé nonchalamment à la cuisinière, un sourire narquois aux lèvres. Colère, soulagement, peur de perdre mon autorité, tout se bouscule entre mon cœur et ma tête. Mais la tendresse l'emporte et je m'approche de lui, le prends dans mes bras.

— J'étais tellement inquiète, Patrick!

En exprimant et en montrant mon inquiétude et mon attachement, j'entame, sans trop le savoir, un véritable dialogue avec mon fils adolescent.

— Maman, si j'ai fait cette petite fugue, c'est pour que tu saches que si j'étudie, c'est parce que c'est moi qui l'aurai décidé.

— Patrick, moi, ce que j'ai fait était peut-être maladroit, mais je veux que tu saches que... je t'aime.

Parfois, le soir, au retour de ces sorties finalement méritées, je me réveille en sursaut en entendant mon fils rentrer.

«Mais qu'est-ce qu'il a à faire tant de bruit avec les portes à minuit? me dis-je alors. Il pourrait avoir un peu de respect pour mon sommeil!»

189

Mais quand je saute du lit pour aller lui dire son fait, je me prends à songer, l'esprit et le cœur plus éveillés :

«S'il fait tant de bruit, c'est qu'il veut me réveiller... Oui, parce qu'il veut me parler seul à seul.»

Que de confidences réciproques devant un verre de lait et deux biscuits.

* * *

Toute la famille adopte le système des billets doux déposés sur le coin de la table. Une lettre de Marie-Ève me convainc de son bonheur de vivre retrouvé.

Je t'aime papa
Je t'aime maman
Je t'aime Patrick
Je t'aime Marie-Ève
Je vous aime lièvre et belette
Et je vous aime tous.

* * *

C'est lorsque je me suis mise à (presque) souhaiter que Jérôme me laisse vivre complètement seule avec mes... avec nos enfants qu'il a commencé à se rapprocher de chacun de nous.

C'est ainsi qu'avec sa manière à lui d'être père, entrant dans la chambre de notre fils, il annonce :

— Je t'ai acheté un poster!

Il tend à Patrick un magnifique paysage d'automne où se détache, en lettres délicates, des mots grandioses : «Tu as du prix à mes yeux, et je t'aime.»

Après quelques heures de réflexion, Patrick installe le cadeau de son père bien en vue dans sa chambre, le verset du psaume trônant au milieu des affiches d'auto et des vedettes de *heavy metal*.

***

Très souvent, tard dans la nuit, je vais regarder dormir mes enfants, même mon grand de seize ans, en prenant garde évidemment de ne pas buter sur son désordre. «Je n'ai jamais aimé autant les humains, depuis que je suis le père de l'un d'eux», disait Claudel.

***

— Ç'a l'air si *tripant* ce que tu vis avec les enfants que je t'envie, me confie Jérôme.

Étonnée et heureuse que mon bonheur avec les enfants soit aussi attrayant, je me hâte de préciser :

— En plus du plaisir réel que j'éprouve en leur compagnie, ils me font comprendre comment la vie m'aime.

— Qu'est-ce que tu veux dire au juste?

— Tiens, la semaine dernière, j'ai acheté une seconde paire de mitaines à Marie-Ève, des mitaines un peu spéciales qu'elle désirait beaucoup. Elle était tellement contente qu'elle n'en finissait plus de me dire merci. J'étais si touchée de voir sa reconnaissance que j'avais envie de lui acheter une garde-robe au grand complet... Tu vois, la vie, c'est pareil. Si l'on sait voir le bon qu'elle nous donne, si l'on a un cœur reconnaissant, il nous arrivera sûrement d'autres bonnes choses, d'autres lumières, d'autres grâces. Tu comprends?

— C'est un point de vue, constate Jérôme.

— Tu veux un autre exemple? L'autre jour, à ma grande surprise, Patrick est venu me voir pour me dire que j'avais été un peu trop sévère avec sa sœur. «Sois un peu plus patiente avec elle !» qu'il m'a dit. À tort ou à raison, il intercédait pour elle. Je te jure, Jérôme, si j'ai accordé une demi-heure supplémentaire de télé à Marie-Ève ce soir-là, c'est parce que c'est lui qui me l'a demandé. Mon cœur était conciliant pour elle et plein de tendresse pour lui à cause de sa démarche. Et j'ai pensé à la phrase, tu sais celle qui va à peu près comme ça : «Priez pour vos amis, mais aussi pour vos ennemis.» Patrick n'est pas l'ennemi de Marie-Ève, mais il aurait pu profiter de la situation pour «écœurer» sa sœur ou pour la rabaisser à mes yeux. Il a choisi d'intercéder en sa faveur, de prier en quelque sorte pour elle. Te rends-tu compte de la tendresse de Dieu envers celui qui prie pour son ennemi?

* * *

Parce que nous sommes tous les deux capables d'engagement, parce que nos projets communs nous rapprochent et nous propulsent dans la même direction, Jérôme et moi convenons d'un commun accord qu'il n'y a pas de temps et pas de place dans notre vie pour les relations extramaritales ambiguës.

Et c'est avec un cœur plein d'action de grâces, en ce début d'octobre, en cette Fête des récoltes, que Jérôme et moi préparons un souper pour nos enfants qui s'amusent et rient de bon cœur avec leurs amis au salon. Car ce que nous avons à faire de notre vie, tout enfants que nous sommes, «c'est d'être heureux, pour n'être pas ingrats».

Chapitre cinq

LES ANNÉES BLEUES
(1987 - 1992)

Une once de joie peut venir à bout
d'une tonne de tristesse...
François Rabelais

L'HUMOUR S'INSTALLE CHEZ NOUS. Lentement, chez moi, car j'ai longtemps pensé que la vie était trop sérieuse pour rire, que si j'étais intelligente et jolie, je n'avais pas besoin de rire, ni de faire rire... Pas de blague, amis lecteurs, amies lectrices, j'ai déjà pensé cela! Et pourtant, l'humour, non la moquerie, dédramatise les situations les plus complexes. L'humour, quel admirable outil!

Comme j'ai peu d'expérience dans ce domaine et que je rate toutes les histoires drôles que je tente de raconter, je les écris et je les pratique avant de passer à l'action. Et si je les rate encore, il me reste toujours le parti de rire de moi-même. «Si je suis capable de rire de moi-même, je n'ai pas fini de m'amuser», disait un humoriste.

La paix aussi s'établit chez nous, entre nous, en moi. Je suis persuadée que mon pouvoir le plus efficace d'agir sur les violences présentées jour après jour par les médias réside dans la paix que je peux cultiver en moi. Je crois que les violences de notre planète sont une sorte de synergie de toutes nos violences personnelles. La pire guerre qui soit est donc celle que je me livre à moi-même.

Le dernier champ de bataille qu'il me reste à pacifier en moi est ma relation avec ce père biologique inconnu. Cet homme demeure celui qui a abandonné ma mère, la forçant ainsi à m'abandonner. L'abandon, souffrance indélogeable; *avidité infinie d'amour absolu qui ne peut que rencontrer déception, sentiment d'être délaissée qui tourne facilement à l'état dépressif de vide existentiel, zone de sensibilité excessive née de la conjonction de mon état psychique et d'une expérience affective, fuite et rejet provoquant ce que je veux éviter, l'isolement. Privée d'amour, j'avais été capable de remettre en cause mon existence et je suis toujours à la merci d'un déclencheur extérieur de moindre importance qui rappelle à ma mémoire inconsciente un souvenir insupportable*[9].

Mais je sais aussi que chaque être humain porte une blessure et qu'il existe d'autres complexes que celui de l'abandon : complexe d'infériorité, de culpabilité, d'insécurité, de castration, de rivalité fraternelle. Le tourment des autres ne diminue cependant en rien le mien.

Quand je pense à cela et à cet homme, la rancœur et la haine refont surface; quelque chose se bloque en moi, se sclérose. Je sais que cette haine m'offense moi-même, qu'elle m'enferme, me blesse. J'ai quarante-deux ans, j'ai tout pour être heureuse, et je hais encore cet homme et, par lui, un peu tous les hommes. Parfois je me sens coupable, anormale : tous les enfants semblent aimer leurs parents. D'autres fois, je veux si fort faire la paix, créer le lien et pardonner qu'il m'arrive de croire que j'ai réussi. Je feins, je camoufle par le raisonnement, avec ma «tête».

Je sais que cette colère haineuse joue contre moi en empêchant un potentiel fantastique de s'épanouir. Elle peut aussi jouer contre mon corps, car *une situation de tension provoquant colère et sentiment de culpabilité est la cause principale des maladies*[6].

Je demande souvent à la source de tous les pardons de faire descendre un de ses pardons de ma tête jusqu'à mon cœur. J'accepte humblement ma vulnérabilité, mon impuissance, mon humanité, me rendant ainsi disponible pour le divin cadeau.

* * *

J'ai maintenant un nouveau travail, très lucratif, dans le domaine fascinant de la publicité. Jérôme est content, il dit que, après avoir si patiemment «cherché le Royaume, le reste commence à nous arriver par surcroît».

Une répartition intelligente des tâches domestiques parmi les membres de notre petite communauté familiale me permet d'assumer cette expérience de travail à plein temps sans tomber dans le syndrome de la *superwoman*. Patrick s'inscrit à l'université, et Marie-Ève a su économiser assez de sous pour voyager deux mois à travers l'Europe avec sa meilleure amie. Sac à dos, auberges de jeunesse! Projets : visiter cinq pays. Elle nous téléphone tous les dimanches matin. Un mercredi soir, pourtant :

— Comment? C'est toi, Marie? Quelque chose qui ne va pas? Où êtes-vous?

— En Italie, tout va bien, t'inquiète pas... C'est que... je suis tombée en amour...

— Bon... avec un Italien?

— Non, non, un Québécois qui voyage comme nous, sac au dos. Ben, vois-tu, je sais que c'est bizarre, que je peux en parler ici avec Anne-Marie, ma meilleure amie, mais c'est à toi que je voulais le dire maman... Des fois, on dirait que c'est toi ma meilleure amie.

Je suis émue. Ma grande fille m'appelle par-delà l'océan pour me dire candidement que je suis sa meilleure amie.

Forte, énergisée par mes relations familiales, je performe au travail. J'ai troqué mes vêtements de gymnaste pour des costumes beaucoup plus seyants. Avec mes cheveux coupés à la dernière mode et mon maquillage à l'avenant, je sais me mettre en valeur au milieu de toutes ces belles personnes que je dois rencontrer.

Emballé par l'achat d'une résidence secondaire à la campagne, Jérôme travaille beaucoup, un peu trop même, car depuis quelques jours, il est cloué au lit par un lumbago persistant. Il conserve sa bonne humeur et à demi-étendu sur sa couche, il occupe son temps à lire les journaux, découpant les articles qu'il juge intéressants pour moi.

Ce soir-là, je rentre chez moi à dix-huit heures trente, plus pimpante que jamais. Je viens de refuser un cocktail et un souper pour être avec ma famille.

La maison est sombre et sans odeur de souper. J'embrasse un Jérôme souriant et accueillant, mais encore au lit dans son pyjama de la veille. Cheveux hirsutes, barbe de deux jours! Il est tellement courbaturé qu'il ne peut se redresser complètement pour m'embrasser.

Quel contraste avec les hommes que je viens de laisser au travail! Malgré le courageux sourire de Jérôme, une vieille pulsion que je croyais morte se fait entendre à nouveau, dans le secret de mon ventre :

«J'espère qu'il ne restera pas des mois dans son pyjama, lui, car moi je vais avoir de sérieux problèmes de fidélité.»

Presque au même moment, dans un éclair, je pense, je sens cet autre homme, mon père biologique :

«Qui es-tu, Henriette, pour juger ton père? Que sais-tu de cet homme? Peut-être avait-il une femme malade, très malade, longtemps malade et que le devoir et les lois de l'époque l'ont retenu près de sa femme plutôt que près de ta mère. Tu le condamnes, et toi-même en ce moment tu penses à la difficulté d'être fidèle après seulement quelques jours de maladie de Jérôme.»

À cet instant précis, enfin, le pardon le plus difficile à donner de toute ma vie entre dans mon cœur.

Les jours suivants, je suis convaincue que ma grande blessure aura des conséquences positives. Je suis enthousiaste et même s'il «pleut à seaux», j'ai envie de faire un pique-nique. Je me sens branchée à une énergie nouvelle. J'ai envie de relever de nouveaux défis. Chaque jour, je me dis :

«Comment puis-je mieux profiter de cette journée qui commence? Comment pourrais-je éprouver un plaisir plus grand à rencontrer les personnes avec qui j'ai rendez-vous?»

J'ai envie, je me sens capable, d'apprécier ce que j'ai, plutôt que de pleurer sur ce que je n'ai pas. Mon verre est toujours à moitié plein plutôt qu'à moitié vide.

Une nuit, je fais un rêve magnifique d'abondance et de réussite : Je circule dans les couloirs d'une immense maison; couloirs étroits, larges, sombres, éclairés, ouvrant tous sur un autre couloir par une ou deux portes faciles à ouvrir. Quelquefois même, la porte est déjà entrouverte. Des portes pleines, en métal, en bois, vitrées, à rideau de dentelle; je m'amuse beaucoup de leur diversité et de ma facilité à les ouvrir.

Puis je pressens une chaleur douce à l'extérieur de cette maison, j'entends de légers bruissements, je m'assois sur le sol dans un des couloirs pour me reposer et mieux entendre ce qui se passe, car mes couloirs ont des portes, mais pas de fenêtres. J'écoute et la quiétude extérieure me rejoint.

Je souhaite alors, très fort, sortir. Me relevant, j'ouvre une autre porte et j'accède à une sorte de paradis. Je suis dans le sous-bois d'une forêt immense. L'air est tiède et parfumé. Un sentier m'amène à un arbre fruitier. Je m'extasie. Sur le même arbre, je reconnais trois fruits différents, énormes, hors de proportion. Je tends la main vers une poire qui me semble aussi grosse que ma tête; haute sur l'arbre, à peine touchée, elle se pose dans ma main, gorgée de sucs, lourde de sa pulpe juteuse. La pomme et la fraise me sont aussi facilement accessibles; elles s'offrent toutes à moi.

Mon attention se tourne ensuite vers la lumière que je perçois derrière moi. Je m'avance lentement vers les abords de la forêt, pour découvrir une route ensoleillée. Je crains vaguement de quitter l'ombre tiède des arbres, mais cette route bordée de champs blonds immenses et odorants m'attire, me magnétise. Sautant par-dessus un étroit fossé, j'atteins un chemin de campagne, paisible et sympathique. Les moissons s'étalent à perte de vue devant moi, dans l'opulente prodigalité d'une fin d'août. Elles se déroulent à l'infini. Haut dans le ciel, le soleil distribue une chaleur soutenue, intense. Les cigales n'en finissent plus de chanter. Je marche, m'arrête et observe les gestes sûrs des moissonneurs qui travaillent lentement, mais sans jamais s'arrêter. Ils récoltent une moisson mûre, infinie...

... Et je sens que tout cela m'appartient.

À quelques mois de là, le facteur dépose parmi mon courrier une lettre totalement inespérée.

*Centre des Services Sociaux
du Montréal Métropolitain
DPJ Service d'adoption*

Mai 1992,

*Madame Henriette Labarre
Longueuil*

*Madame,
Depuis des années, le CSSMM ne parvient pas à donner un service complet aux personnes inscrites au service de l'adoption qui recherchent leurs antécédents socio-biologiques.
Préoccupé par cette situation qui perdure et par le nombre de plus en plus grand de personnes qui continuent de s'inscrire pour une recherche parents-enfants, le CSSMM a élaboré un projet d'offre de service moyennant contribution financière.
À titre expérimental, le ministère de la Santé et des Services sociaux nous permet d'offrir cette alternative aux personnes qui se sont inscrites au Centre de Service sociaux du Montréal métropolitain.
Afin de vous permettre de prendre une décision éclairée, nous vous convions à une rencontre d'information qui aura lieu le 5 juin prochain à 19h30.
Nous sommes conscients que cette forme de service ne pourra convenir à toutes les personnes en attente. Il s'agit là d'une expérience à explorer, pour sortir de l'impasse les personnes qui se trouvent captives de nos services et pour lesquelles il n'y a pas de coïncidences à ce jour.
Nous vous remercions de votre collaboration et vous assurons de notre entière disponibilité pour répondre à vos questions...*

*C.M.
Directrice, Service d'Adoption*

Chapitre six

LES ANNÉES DE LUMIÈRE (JUIN 1992...

Si quelqu'un avance avec confiance
dans la direction de ses rêves
et qu'il s'efforce de vivre la vie qu'il a imaginée,
il réussira au-delà de ce à quoi il pouvait s'attendre.
Henry David Thoreau

PREMIÈRE PARTIE

5 Juin 1992

J'AI HÂTE DE VOIR ÇA, CETTE RENCONTRE-LÀ. Tout à coup que tu pourrais retrouver ta mère, lance Jérôme, enthousiaste, en garant habilement la voiture tout près du lieu du rendez-vous.

— Moi, j'ai hâte et j'ai peur en même temps. J'ai tellement peur en fait que si je me laissais aller, j'aurais envie de m'en retourner, de remettre ça à une autre fois.

— Tu y penses pas? coupa Jérôme, la main sur la poignée de la portière. Ça fait assez longtemps qu'on attend. Imagine, on va enfin savoir quelle est ta nationalité... Moi, surtout, je veux apprendre quelle sorte d'hérédité portent mes enfants...

Les yeux baissés, je murmure :

— S'il fallait que ma mère ait été violée ou bien... qu'elle fût une prostituée... J'aurais peur d'avoir ça dans mon hérédité, aussi.

— Moi, je sens que t'es une enfant de l'amour. Je suis prêt à tout, on verra bien.

Et, avec un sourire tendre, il continue d'une voix assurée :

— Que tu viennes de n'importe où, Henriette, je t'ai toujours aimée et je vais t'aimer toujours.

Supportée, ragaillardie, pleine d'émotions et d'interrogations, j'entre dans l'édifice du CSSMM. Jérôme et moi prenons place dans un local spacieux et agréable, baigné d'une lumière chaleureuse.

Une trentaine de personnes, tout aussi fébriles que nous, y causent et s'y animent. À l'heure dite, l'animatrice nous souhaite la bienvenue. Elle suggère de faire suivre son exposé d'une période de questions, puis d'un tour de table. Elle nous assure que nos idées et nos impressions profiteront à tous.

Le projet pilote qui nous est proposé me séduit et me terrorise tout à la fois. Si près du but, l'occasion qui m'est offerte de découvrir la vérité me bouleverse. Puis, le tour de table annoncé démarre.

— J'ai vingt-sept ans et ma famille adoptive est formidable. Je suis sûr que je ne peux pas trouver mieux. J'avoue cependant que je désire connaître ma mère biologique, par curiosité. Je suis curieux de nature, car je travaille dans un laboratoire. Je voudrais savoir de quoi ma mère a l'air. Je ne serais probablement pas intéressé à engager une relation avec elle, car je suis comblé par ma mère adoptive.

Les interlocuteurs s'expriment sur un ton de plus en plus personnel, avec de plus en plus de hardiesse.

— Ben moi, commence un autre, j'ai toujours voulu rencontrer ma mère pour lui dire que c'est dégoûtant ce qu'elle a fait quand elle m'a abandonné. J'ai moi-même trois enfants et je m'en occupe. Je hais mes géniteurs : Ma «mère», mon «père», c'est des mots bien trop beaux pour eux. Je veux les voir pour leur dire ce que je pense d'eux; c'est mon droit.

— Moi, enchaîne une troisième, je voudrais tellement savoir si j'ai des sœurs ou des frères. Mes parents adoptifs, que j'adorais, sont morts tous les deux dans un accident de voiture il y a vingt ans. J'avais douze ans quand c'est arrivé, et c'est comme si j'avais été abandonnée une autre fois. Je veux retrouver ma mère naturelle, mais j'ai peur qu'elle ne veuille pas me voir, j'ai peur de me sentir abandonnée encore une fois. Mais j'ai trente-deux ans et me je sens si seule que je suis prête à prendre le risque.

— Je suis le conjoint d'une enfant adoptée et j'aimerais donner mon opinion, ose Jérôme, encouragé par de grands signes de tête approbateurs. Moi, c'est l'hérédité physique et psychologique de nos enfants qui m'intéresse... Et puis, ça fait longtemps que je vis avec Henriette. Je la connais, mais il y a une partie d'elle que je ne connais pas, qui m'aiderait à la comprendre et à... l'aimer davantage.

Et, avec une intensité que je lui connais bien, voilà que Jérôme élève la voix et s'emballe :

— Je vous écoute depuis le début. Moi je les ai, mes parents, mais s'il avait fallu que je ne les connaisse pas, j'aurais remué ciel et terre pour les retrouver. Je vous trouve bien patients d'être encore assis ici.

Je ne me souvenais pas avoir jamais entendu Jérôme s'exprimer de cette façon sur ce sujet. L'ignorance de mes origines était un problème personnel, à ce que je croyais. J'avais toujours hésité à l'importuner avec cela... Et puis, on avait eu bien d'autres chats à fouetter.

Avec assurance, je prends la parole à mon tour :

— J'ai quarante-sept ans, et ça fait seulement deux ans que j'ai enfin pardonné à mes deux parents biologiques. Ce qui me faisait le plus souffrir, c'était la certitude qu'ils ne m'avaient pas désirée. Mais j'ai lu récemment, et je veux bien le croire, que lors de la fécondation, c'est l'ovule qui fait son choix parmi les centaines de spermatozoïdes qui sont là. Contrairement à ce que l'on pourrait penser, la fécondation d'un ovule n'est pas le fruit d'une course aveugle, gagnée par le spermatozoïde le plus rapide. C'est bien un choix... un acte d'amour. Je veux croire aussi que *s'il n'y avait pas le désir conscient d'un enfant chez mon père et ma mère biologiques, il y avait un désir inconscient, souterrain, très puissant puisque j'ai été conçue et que ce désir a su traverser tous les obstacles et voir le jour*[7]. Je ne peux pas changer mon passé, mais je peux changer ma relation avec le passé. Je suis maintenant prête à rencontrer ma mère.

Le tour de table lentement s'achève. Soulagés et rassemblés par le partage, tous les participants ont le regard et les paroles qui semblent se nuancer, se faire plus attentifs. Une sorte de solidarité, un sentiment d'appartenance peuvent se lire sur les visages. Un bruissement fait de chuchotements, de feuilles glissées, de verres entrechoqués crée un climat chaleureux, presque familial.

Puis tous les yeux convergent vers la dernière personne à se manifester. Assise à l'extrémité de la table, une jeune femme à l'allure revêche, jusqu'ici silencieuse, après un regard circulaire sur l'assistance, commence d'une voix forte et posée :

— Moi, je n'ai jamais été choisie...

Prenant une profonde inspiration, elle poursuit, sèchement :

— Je n'ai pas été adoptée.

Un silence de plomb tombe sur l'assistance. Les mouvements cessent, tous les yeux sont rivés sur celle qui dévoile son secret. Une même pensée, un même émoi se lisent sur tous les visages.

Je mesure ma chance. Je pense à la générosité d'Henri, à la tendresse de Rose, au charme de mes sœurs Marcelle, Micheline, Christine et Brigitte. J'ai presque honte de mes richesses. Pendant quelques brèves secondes, je touche au souvenir du mal indéfinissable de ce vide, de ce désert de l'abandon.

Aucune des personnes adoptées ne s'aventure à briser le silence. Sans laisser passer la moindre douleur sur son visage, la femme poursuit :

— Je suis atteinte d'une maladie grave. Si c'est une maladie héréditaire, le traitement sera différent... Puis sa voix se casse lorsqu'elle ajoute : Les médecins parlent de deux importantes opérations...

Les images éveillées par la lecture du livre *Les enfants de Duplessis* montent dans ma tête. Les sévices infligés à ces enfants ont, dans plusieurs cas, hypothéqués leur santé. À cette époque «de la grande noirceur» où on associait vice, pauvreté et maladie, ces orphelins portaient le malheur déshonorant d'être des enfants du péché, et de surcroît non choisis. Peut-être cette femme était-elle l'une des leurs.

Les paroles de l'animatrice de la rencontre interrompent le cours de mes pensées :

— Madame, dans votre cas, les semaines comptent. Les cas urgents seront traités en priorité.

Rassurée de voir que quelqu'un s'occupe de cette dame, j'envisage enfin avec joie la perspective de mes retrouvailles possibles. Dès le lendemain, je remplis les formulaires requis, et quelques semaines plus tard, je rencontre Louise D., la travailleuse sociale assignée à mon dossier. Professionnalisme empreint de chaleur, capacité d'écoute à toute épreuve, connaissance approfondie de la problématique de l'adoption font de Louise un guide sûr, une étoile fiable dans cette aventure marquante de ma vie. Elle m'informe consciencieusement de chaque nouveau développement.

Une fin d'après-midi du mois d'août, la sonnerie du téléphone retentit. Je décroche le récepteur à la volée, tout entière à la présence de Rose, mon invitée assise sur la terrasse. Ce que j'entends au bout du fil me stupéfie.

— Bonjour, Henriette! Louise D. à l'appareil. Êtes-vous assise? J'ai quelque chose de bien important à vous communiquer... J'ai rejoint votre mère.

Fixant le vide, je cherche de la main une chaise, la langue soudain épaisse, le cœur battant. Je me surprends à penser : elle existe donc pour de vrai, cette femme-là! Ma mère! D'une voix blanche, j'interroge Louise en détail. Je suis prête à tout entendre.

— Racontez-moi ce qui s'est passé, Louise.

— J'ai dit à cette femme : «Est-ce que le 18 avril 1946 et une petite Marie-France, ça vous dit quelque chose?» Et votre mère m'a répondu : «Madame, je ne l'ai jamais oubliée. Est-ce qu'elle va bien? Est-elle joyeuse? Dites-lui que je ne l'ai jamais oubliée.

207

Elle représente une grande tristesse dans ma vie, mais aussi une si grande joie. Dites-lui bien que je ne l'ai jamais oubliée; qu'à chacun de ses anniversaires, j'ai allumé un cierge pour elle, pour qu'elle soit heureuse.»

Mes sanglots viennent interrompre le récit de Louise, mais celle-ci est habituée aux réactions de ses «adoptés». Je sens ma mère biologique très proche, toute proche. Je suis bouleversée d'apprendre que, pendant toutes ces années, elle m'a aimée en silence. De l'endroit où je suis assise, mon regard enveloppe le profil de Rose, à quelques mètres de moi, sous la véranda. Dans ce moment d'inaltérable allégresse, je suis dans le courant d'amour de mes deux mères.

Louise poursuit en m'informant que ma mère, Élyse, vit à des centaines de kilomètres, dans «un petit village du bord de mer»; que sa sœur jumelle est au courant de la situation, ainsi que sa sœur aînée, qui habite une localité voisine de la mienne.

— Oui, mais est-ce que ma mère veut me voir?

— Bon, voilà où ça se complique. Son mari et ses sept autres enfants ne savent rien de ton existence. Ta mère m'a demandé d'entrer en contact avec sa sœur aînée, Julie, qui est ta tante, et de planifier une rencontre.

Quelques jours plus tard, c'est ma nouvelle tante qui me rejoint au téléphone. Avec la joie neuve de cette récente identité, j'entends pour la première fois la voix de tante Julie et mon premier prénom :

— Bonjour, Marie-France.

Tante Julie a la voix théâtrale d'une grande dame. Elle me raconte ce qu'elle sait de ma naissance, puis elle me décrit ma mère.

— J'ai parlé à ta mère, Marie-France, m'annonce-t-elle, et elle m'a donné la permission de te rencontrer. J'ai hâte de te connaître. Tu sais, j'ai bien failli t'adopter. Quand je suis retournée à la crèche après ta naissance, ils m'ont dit que tu avais déjà été choisie. Mais j'ai plutôt pensé qu'ils ne voulaient pas te confier à une femme seule; car je n'étais pas encore mariée à l'époque.

Louise D. a mis son domicile à notre disposition pour la rencontre.

Bien qu'elle soit septuagénaire, j'embrasse une tante élégante au teint lisse et frais. Charmée par cette première représentante de ma famille, je ne taris pas de questions. Puis, dans un geste solennel, presque mystérieux, elle dépose devant moi une photo. Avec une distinction naturelle de la voix, elle m'interroge :

— Laquelle, crois-tu, est ta mère?

Sur la photo un peu jaunie, deux visages admirables, mais identiques : celui de ma mère et celui de sa sœur jumelle, à vingt ans.

Je suis maintenant tout près de déchiffrer l'énigme de ma vie. Du plus profond de moi, une joie faite de la plénitude du moment présent m'irradie. Une tante aussi belle que mystérieuse me présente une mère en double. Je me coule dans l'image de mes mères pour me laisser sonder par leur regard. Tante Julie m'observe et même ma bonne Louise pose sur moi des yeux rieurs et amusés.

Certes des jumelles identiques ont le même code génétique, mais les personnalités de celles-ci me semblent très différentes. L'une affiche une attitude ferme et un sourire discret; une impression de sécurité et de stabilité émane de sa mise soignée et impeccable. Le visage de l'autre semble boire toute la lumière du tableau. Le bijou minuscule posé dans l'encolure de son chemisier la distingue de sa compagne; je touche le bijou, comme pour le polir. La voix étonnée de tante Julie me distrait de ma rêverie.

— Comment as-tu deviné? s'étonne-t-elle.

— Je n'ai pas deviné, j'ai souhaité, lui dis-je, troublée.

Chargée d'une missive pour ma mère et de quelques photos, tante Julie me quitte avec un au revoir. Le mari de ma mère, respectueux des principes et autoritaire, s'interrogerait sur ma lettre dans le courrier. Tante Julie et tante Élizabeth deviennent mes alliées dans cette aventure.

* * *

Élizabeth, la sœur jumelle d'Élyse, se retire fréquemment au monastère, où une chambre l'attend tous les automnes. Veuve depuis plusieurs années, elle vit seule dans une grande maison, près de sa famille et de sa sœur jumelle.

* * *

Après avoir parcouru plusieurs kilomètres, ma lettre arrive enfin dans les mains d'Élizabeth. C'est elle qui remet mon message à Élyse : mes premiers mots d'amour à ma mère.

Maman,

J'ai tellement hâte d'entendre ta voix. J'ai tellement hâte que tu me serres dans tes bras.

J'ai hâte de te raconter ces quarante-sept années. Je voudrais tant savoir si tu es heureuse. Moi, je suis en pleine forme, heureuse et comblée.

On m'a dit que tu allumais un cierge pour moi, chaque année, je crois bien que c'est cette petite lumière qui m'a toujours guidée.

J'ai le bonheur d'avoir un bon travail, un mari aimant et deux enfants : beaux, intelligents, en bonne santé. Tu comprends pourquoi mon cœur est plein de mercis pour toi et pour papa.

Je t'aime
À bientôt

Marie-France

Plusieurs minutes s'écoulent. En silence, Élizabeth participe à la joie de sa sœur Élyse, qui berce en pleurant la lettre de sa fille retrouvée.

— Veux-tu qu'on parle de Marie-France à ton mari? lui demande Élizabeth. À moins que tu ne veuilles pas rencontrer ta fille...

— Je ne renierai pas ma fille une deuxième fois, affirme Élyse avec force. Mais je parlerai d'abord à Mathieu. Seule!

* * *

En attendant la réponse à ma lettre, tante Julie m'invite chez elle. Elle me présente son époux, un poète ayant le sens de l'humour qui me décerne d'emblée, en plus de mon nouveau prénom, celui de Désirée. Leur domicile est à l'image de ma tante : d'un goût exquis. Il me transporte avec ravissement dans un autre siècle. En effet, au sous-sol, près du foyer, une véritable galerie de photos de famille magnétise mon regard et envoûte mon cœur.

La qualité, le nombre et les formats des photographies et encadrements ici rassemblés pousseraient au délire tout antiquaire digne de ce nom. Un éclairage étudié avive la chaleur des acajous, rehausse les dorures des cadres vieillots. L'histoire des ancêtres des familles de mon oncle, le poète, et de ma tante se côtoient, se complètent dans les attitudes et les costumes.

Avec son air un peu énigmatique, tante Julie me désigne sa mère, ma grand-mère Victoria. Certes je suis éblouie par l'ovale parfait de ce visage, par le chapeau immense et majestueux, par l'ombrelle délicate retenue par la fine main gantée, mais je suis surtout troublée par ce voyage dans le temps, par la révélation de mes origines, moi, la «sans-racines», l'«ignorante-de-sa-source», la «dépossédée-de-son-germe». Je recouvre mon passé dans une mesure plus large encore que mon imagination l'aurait souhaitée. Et je m'y relie. Debout devant cet arbre généalogique en images, la sœur de ma mère, avec langueur et séduction, me relate l'histoire de Victoria, puis celle de Jane, arrivée au Québec vers 1850.

Une jubilation, faite de la façon romanesque avec laquelle se dévoile mes origines, naît et croît en moi. Tout d'abord, tante Elizabeth, qui se retire au monastère, me fait penser à une noble dame de l'époque Louis le quatorzième, cherchant asile à l'ombre d'un cloître; puis cette auguste tante qui me présente une grand-mère raffinée et d'une beauté peu commune. Moi qui aime tant les récits, les légendes, je veux croire que la Vie a choisi pour moi cette manière suave de me choyer, cette façon délicate de m'introduire dans ma nouvelle famille. Pour retenir le charme de ces instants fugaces, je savoure longuement la présence de la sœur aînée de ma mère. Au moment du départ, en me serrant dans ses bras, tante Julie me comble de son amour :

— Tu sais, Marie-France, je désire si fort que vous vous rencontriez, Élyse et toi, que je serais prête à t'emmener avec moi lors d'un prochain voyage et à te présenter comme ma fille. Nous éviterions ainsi de bousculer le mari de ta mère ainsi que ses enfants.

Profondément touchée par le geste si généreux de cette tante, prête à sacrifier sa réputation pour faire le bonheur de sa sœur et de sa nièce, je me sens aimée et choisie. Mes souvenirs me ramènent au frère de Rose, à oncle Ovila qui avait voulu lui aussi m'adopter... Et moi qui ai déjà pensé que j'étais une erreur! Ma réalité n'est pas celle d'une enfant de l'erreur. Je me rends compte que toute ma vie a baigné dans l'amour; que l'amour était toujours présent; que c'est lorsque je ne le voyais pas que ma vie allait mal. Je touche à nouveau cette force en moi, cette forme nouvelle d'intelligence capable de voir l'amour, cette intelligence du cœur, tout aussi forte que l'intelligence de la raison.

* * *

— Élyse, tu m'inquiètes! Dis-moi donc ce qui ne va pas! s'enquiert Mathieu en sortant de la salle de bain, alors qu'il surprend sa femme en train de pleurer. T'as toujours la larme à l'œil, et voilà que tu maigris sans bon sens. C'est la vente de mon magasin qui te morfond tant que ça?

— Ce qui me chicote, Mathieu, remonte à bien plus loin que ça.

— Viens t'asseoir *au ras moi.* Conte-moi ça.

Déterminée, Élyse dévoile à son mari le tourment de sa vie. Elle lui montre aussi la deuxième lettre qu'elle a reçue par notre courrier clandestin.

1er Décembre 1992

J'accepte difficilement qu'une autre année se termine sans que je te connaisse. Je sais que ton mari n'est pas au courant de mon existence. Pour ne pas le heurter, j'ai pensé à une façon de faire.

J'arriverai à l'auberge La Coureuse des Grèves *le 26 décembre et j'y demeurerai les 27, 28 et 29.*

Je te propose de venir m'y rencontrer.
Je souhaite si fort avoir quelques heures d'intimité avec toi.

Ta grande fille,
Marie-France

Mathieu la prend dans ses bras et se fait rassurant :

— Pourquoi avoir gardé ce gros secret toute seule et pendant si longtemps? Je te voyais dépérir ces dernières semaines et je pensais que tu allais m'annoncer une maladie incurable.

Maintenant soulagé, Mathieu conclut, sur un ton presque joyeux :

— Je vais aller avec toi rencontrer ta fille. Il n'est pas question qu'elle paie un hôtel. La maison est grande; qu'elle vienne ici!

* * *

Très tôt, le matin du 25 décembre, Jérôme et moi partons rencontrer ma mère. Jérôme prend le volant; je me fie à son talent de conducteur intrépide pour nous mener à bon port.

Entretenu par les cantiques de Noël inlassablement chantés à toutes les stations de radio, notre émoi est accru par la longueur du trajet à parcourir et exacerbé par l'espace restreint de notre habitacle. Nos âmes sont unies par des souvenances indélébiles. Nous percevons l'indéfinissable félicité du moment : le petit enfant que je suis achèvera de venir au monde dans quelques heures.

Au-dehors, sur la route dégagée, la neige légère, poussée par le vent, glisse sous les pneus comme un coussin bienfaisant et protecteur. Je me sens soutenue par tant de pensées, portée par tant de souhaits. Depuis la fin d'août, en fait depuis l'annonce de ces retrouvailles possibles, mes sœurs Marcelle, Micheline, Christine et Brigitte suivent comme s'il s'agissait des épisodes d'un feuilleton les péripéties de cette histoire. J'ai cependant tenu à garder Rose et Henri en dehors de cet événement : leur santé se détériore et je ne voudrais pour rien au monde susciter chez eux la moindre alarme, la plus petite insécurité. Et en ce jour de Noël, Brigitte, Christine, Micheline et Marcelle, rassemblées autour d'eux, sauront trouver les mots, les alibis justifiant mon absence.

Pendant toute la durée du trajet, je plie et déplie les lettres reçues de ma mère; chaque fois qu'elle y trace mon nom, elle permet à quelque chose au-dedans de moi de vivre, quelque chose qui n'a encore jamais existé.

À notre escale, cette nuit-là, quand je m'endors dans les bras de Jérôme, je lui demande de m'expliquer comment il se fait que nos Noëls sont de plus en plus beaux depuis ce mois de novembre 1975.

* * *

214

Le 27 décembre 1992, tout de même installée à l'auberge, je me prépare à rencontrer ma mère biologique pour la toute première fois. C'est elle qui a le pouvoir de parachever ma naissance, de me faire don de mes racines.

J'ai acheté des fleurs pour ma mère, des roses.

— Comment s'habille-t-on pour se présenter à sa mère pour la première fois, à l'âge de quarante-sept ans? Oh! je veux tellement me faire belle!

Jérôme est descendu à la réception pour accueillir ma mère et son mari. Mon compagnon de toujours verra ma mère avant moi et l'amènera vers moi, à ma chambre. Avec respect et discrétion, quelques minutes plus tard, il s'efface devant une vieille dame un peu voûtée, encore jolie, qui s'avance résolument vers moi. Les bras de ma mère s'ouvrent; les miens aussi.

Et là enfin, dans les bras de ma mère, là sur son cou, près de son oreille, sur ses mains, sur sa bouche, ses joues, ses yeux, je laisse couler toutes les larmes de mon corps, je laisse monter du fond de mon ventre un sanglot que je ne me suis jamais permis de déverser, et je répète : «Maman! Maman! Enfin, c'est toi, maman!» Et elle répond : «Marie-France! Marie-France! Ma petite fille!»

C'est seulement au bout de plusieurs minutes que je l'aide à retirer son manteau. Gravement, une main sur la poitrine, elle me dit :

— Comme tu ressembles à ton papa!

Nous nous assoyons au pied du lit, plutôt que sur des fauteuils séparés, afin de pouvoir continuer à nous toucher.

— Est-ce que tu me pardonnes de t'avoir... de m'être séparée de toi?

Je sens qu'elle ne peut prononcer le mot «abandonnée». Je pense alors que c'est tout le poids, tout le fardeau de cet abandon qu'elle porte sur son dos voûté... Ô bonheur, je comprends aussi qu'elle ne m'a jamais abandonnée, que sa pensée m'a toujours accompagnée.

— Maman, il y a bien longtemps que je t'ai pardonnée.

Mais je crois qu'elle ne m'entend pas... Elle ne s'est pas pardonnée à elle-même. Je voudrais lui expliquer que je n'ai de reproches à faire qu'à moi-même, qui ai pendant trop longtemps si mal utilisé la vie qu'elle m'avait donnée.

À bien des égards, ma mère ressemble à Rose : douce, ayant peur de déranger, de blesser, attendant la permission pour tout. Je la comprends; j'étais comme cela quand je croyais ne pas avoir ma place dans l'univers, quand je croyais être une erreur.

Elle me montre des photos de ses sept autres enfants. Quelle joie! Trois frères, moi qui n'ai jamais eu de frères. Parmi mes nouvelles sœurs, je découvre une autre Marcelle et une autre Micheline. Je souris. Qui voudra me croire lorsque je dirai que j'ai onze frères et sœurs, dont deux Marcelle et deux Micheline?

J'ai apporté une loupe, je cherche fébrilement des ressemblances. Puis une question bien légitime me brûle les lèvres.

— Et mon père, peux-tu me dire qui est mon père?

Élyse avait prévu ma question. De sa voix hésitante, toujours prête à s'excuser, elle me révèle le plus important :

— Ton père est Alexis O. Je crois qu'il habite maintenant la région de Z. Il a été bon pour moi et il connaît ton existence.

L'heure tourne, nous redescendons vers nos maris. Je me dirige avec reconnaissance vers Mathieu, qui a pris soin d'Élyse durant toutes ces années. Ses bras hospitaliers me reçoivent. Il me souhaite la bienvenue dans la famille et m'invite pour le repas de midi, le lendemain.

À ce premier repas préparé par les mains de ma mère, je fais la connaissance de tante Élisabeth, sa sœur jumelle. Au moment des «au revoir», des derniers embrassements, je glisse discrètement à l'oreille de Mathieu, pour lui tout seul :

— Est-ce que je peux vous appeler beau-papa?

Et dans un accueil inconditionnellement paternel qui fait jaillir à nouveau des larmes de joie :

— Non... appelle-moi... papa.

Sur le chemin du retour, Jérôme respecte mes silences. J'ai besoin de plusieurs heures pour décanter tous ces bonheurs.

* * *

DEUXIÈME PARTIE

Mes sœurs adoptives, la famille de Jérôme, mes compagnons de travail, mes amies, tout le monde est suspendu à mes lèvres pour connaître le dénouement de cette histoire de retrouvailles. Je suis touchée par leur compréhension et unie à chacun d'eux par la tendresse que suscite une mère dans le cœur de tous les humains.

Je suis frappée aussi par l'ampleur du phénomène de l'adoption. Qui ne connaît pas une amie qui cherche ses parents biologiques? Un oncle qui a adopté un enfant? Ou une tante tellement coupable d'en avoir abandonné un?

Quant à moi, une hâte fébrile et légitime mobilise toutes mes énergies. Amis lecteurs et lectrices, je suis sûre que vous vous posez vous aussi la question : Mais qui est donc le père biologique, mon père?

D'Élyse, ma mère, j'appris que, s'il vit encore, il a quatre-vingt-huit ans. Quatre-vingt-huit ans! Je crains d'arriver trop tard... Courageusement, je me dis qu'au pire, je saurai au moins à quel endroit aller prier sur sa tombe.

Toute l'aide que le CSSMM peut m'apporter s'arrête à la recherche de ma mère biologique. De mon propre chef, j'entreprends donc des démarches impatientes.

Tout en gardant l'adresse confidentielle, le ministère du Revenu et de la Sécurité de la vieillesse m'assure qu'un chèque de pension est émis chaque mois au nom de Alexis O.

— Ouf! Il est vivant!

Des circonstances fortuites ainsi qu'une audace empressée me procurent quelques semaines plus tard son précieux numéro de téléphone.

Craignant autant de gâcher par une maladresse le lien ténu qui me relie à cet homme que d'avoir une douloureuse déception, je demande conseil à ma bonne Louise.

— Depuis que je m'occupe du dossier des adoptées, quatre pères seulement ont été accessibles. À titre personnel et pour toi Henriette, je vais tenter de rejoindre le tien. Ton histoire est si belle; tu sais, ça fait du bien de temps en temps, les belles histoires.

Comment pourrai-je assez remercier cette femme? Quelques jours plus tard, sa voix me fait frissonner :

— T'es chanceuse toi! commence-t-elle lentement, j'ai parlé à ton père. Il est un peu dur d'oreille, mais très lucide. Il ne parle que l'anglais. Il se souvient très bien de ta mère et de l'existence d'un enfant.

Louise fait une pause et je ferme les yeux, remerciant en silence ma bonne étoile : Qu'ai-je donc fait pour être autant aimée de la vie?

— Il veut te rencontrer quand tu voudras, enchaîne Louise. J'ai son adresse ici.

Dépassée par les événements, mais plus heureuse qu'il n'est permis de l'être, je me conforme religieusement aux suggestions de Louise. Comme pour ma mère, je lui envoie une lettre et ma plus belle photo.

Louise a fixé la rencontre pour le dimanche 21 février. Quelques jours seulement me séparent de cette date. Je dors peu. Je pleure de joie la nuit quand je m'éveille; je n'arrive pas à croire à mon bonheur. Mes sœurs m'envient; mais grâce à l'affection qui nous lie, elles vivent, par personne interposée, le bonheur de trouver un père.

Pour des raisons diverses, les origines de mes quatre sœurs adoptives demeurent incomplètes ou obscures. Les deux parents biologiques de Christine sont retournés en Grèce; Brigitte a bel et bien établi une relation avec notre cousine Claire, mais cette dernière avoue l'instabilité de sa vie sexuelle à cette période et son incapacité à désigner le père; quant à Marcelle, notre mère Rose a si bien balayé de sa vie son amant insuffisamment informé qu'elle en a oublié le nom, et maintenant, un trouble de la mémoire dérobe et brouille tous ses souvenirs; Micheline, déjà trop bouleversée par mes retrouvailles, refuse stoïquement d'entamer des recherches pour elle-même.

Ainsi, deux mois seulement après avoir rencontré Élyse, ma mère, voilà que Jérôme, l'homme de ma vie, me conduit vers celui qui a été le premier homme de ma vie.

Une connaissance très partielle du lieu de rendez-vous nous amène par erreur dans un des quartiers les plus huppés de la ville. Des demeures somptueuses rivalisent entre elles par leurs formes audacieuses et leurs aménagements extérieurs exclusifs. Une neige moelleuse habille l'une de dentelle, l'autre d'une chape immaculée. Tout autre est le voisinage de mon père. Dans une rue étroite et tortueuse, Jérôme stoppe la voiture devant de petites constructions en bardeaux s'appuyant les unes contre les autres pour ne pas avoir froid et comme pour garder un semblant d'équilibre. Des fleurs artificielles, piquées çà et là sur le rebord d'une fenêtre, attendent tristement le printemps.

Ma déconvenue se lit sur mon visage. Jérôme regarde la porte sombre aux carreaux plus tristes encore :

— Es-tu certaine que tu veux entrer toute seule là-dedans?

— Oui, je veux le voir seule... pour commencer.

— Bon, de toute façon, je reste autour. Et j'irai te rejoindre dans une heure, comme convenu.

Enveloppée dans mes plus beaux atours, coiffée, parfumée, princesse égarée sur ce trottoir sale, bravement je monte les quelques marches, retire mon gant pour frapper au carreau enfumé.

Une femme qui semble sortir du sommeil m'ouvre; son menton, sa bouche où manque plusieurs dents, m'indiquent le fond du petit couloir; à l'éclairage presque absent s'ajoute une opaque fumée de cigarette; mes yeux éblouis par la neige s'habituent difficilement au logis sombre et surchauffé. J'entre dans une sorte de salon sordide.

De son fauteuil, un homme grand et mince se lève prestement, avance vers moi, serre ma main. Du coup, je me reconnais; pour la première fois de ma vie, je suis en face de quelqu'un qui me ressemble, je me reconnais dans sa façon de se mouvoir, dans son maintien, je suis estomaquée de reconnaître mes pommettes saillante, ma lèvre inférieure et même la forme de ma tête; c'est un choc, une sensation complètement nouvelle, je vacille.

Rasé de près, une chevelure encore abondante lustrée sur son crâne, il ne fait pas son âge. Sa chemise bleue pâle, impeccable, s'harmonise avec un pantalon marine et des chaussures noires, bien cirées.

Visiblement ému et embarrassé, d'un geste large exécuté par ses longs bras, il m'invite à m'asseoir à deux mètres de lui, bien en face.

Une fois assise, un relent de moisi, d'humidité masque l'odeur de cigarette. Je suis dans un taudis.

La propreté évidente et l'élégance de cet homme me gardent assise sur le bout du coussin.

Il me questionne sur le temps, sur l'état des routes.

Je réponds vaguement. Puis, je deviens complètement muette lorsque s'avance vers moi, à quatre pattes, une jeune femme. Roulant dans tous les sens sa tête déformée, elle étend sa main pour me toucher et répète infatigable: «Helloo... Helloo...»

Avec un faible sourire, je touche sa main tendue.

Sourde aux appels de sa gardienne, maladroitement l'infirme s'assoit; sur son corps court, où s'accrochent des seins de femme, une tête d'enfant arriérée dodeline, pendant que sa bouche tente de rire. Mon hôtesse vient la reprendre. Les mains sous ses aisselles, elle la glisse, la traîne vers le petit couloir. Devant toute cette misère, j'ai un haut-le-cœur. J'ai envie de fuir, de couper court, d'inventer une raison pour me retirer et oublier ce que je viens de voir... Depuis quarante-sept ans que j'attends ce moment, je suis anéantie. J'ai honte de découvrir mon père dans un endroit semblable...

Puis, ravalant ma fierté, je rassemble mon courage et «redécide» d'aller au bout de ma démarche. Drues, les questions essentielles fusent :

— Vous habitez ici depuis longtemps?

— Je suis dans cette ville depuis le décès de ma femme, il y a près de vingt ans.

— Avez-vous des frères, des sœurs?

— Nous étions neuf dans la famille... Ils sont tous morts, je suis le seul survivant.

— Et vos enfants?

— Je n'ai jamais eu d'enfants.

Comme frappée par la foudre, je réalise que je suis la fille unique, et probablement longuement désirée, de cet homme de quatre-vingt-huit ans.

Mue par une force incontrôlable, soulevée par une puissance qui dépasse l'entendement, je me lève, vais vers lui, l'embrasse et lui dis :

— Tu n'es plus seul maintenant. Je suis là.

Saisissant mes mains, il les couvre de baisers; des larmes coulent sur ses joues. Retenant solidement mes deux mains dans une des siennes, il retire de l'autre ses lunettes, essuie ses yeux.

Assise maintenant tout près de lui, je remarque à haute voix la grandeur de ses mains, la largeur de ses pouces :

— Je suis charpentier, me dit-il. J'ai commencé à travailler avant ma première communion. J'allais à l'école quand il n'y avait pas de travail. J'avais près de quarante ans quand j'ai commencé à travailler à la rénovation de la maison de la Croix-Rouge. Ta mère y était cuisinière pour les infirmières. Pendant près de trois ans, je la voyais presque chaque jour. *She was strong and smart, I fell in love with her.*

Amis lecteurs et lectrices... j'entendais là les mots les plus inattendus de toute mon existence : *mon père avait aimé ma mère.*

Après des secondes d'une intensité insoupçonnée, mon père souriant m'invite à visiter ses quartiers. De sa démarche leste et gracieuse, il me conduit vers le fond de l'habitation. Un réduit exigu et misérable lui tient lieu de chambre. Je suis touchée de voir ma photo déjà dans un cadre tout près de son lit.

Il m'amène devant un coffre; en l'ouvrant, une agréable et bienfaisante odeur de cèdre se dégage. Des monticules de sous noirs roulés et bien rangés tapissent le fond du coffre; d'un autre petit coffret, il me fait voir son livret de banque et quelques billets.

— C'est peu, c'est tout ce que j'ai, c'est à toi.

Émue, en silence, je vénère la candide générosité de ce vieil homme, mon père. En regardant quelques rares photos, je le questionne sur une dame désavantagée par ce qui semble une malformation de l'épaule.

— Oh! C'est ma femme, elle est debout sur la véranda de la maison que j'ai construite. Ma petite femme était de santé fragile. *Poor little thing.*

Un souvenir s'impose alors à moi et m'ébranle. Je revois Jérôme alité et malade, quelques années plus tôt. Je me rappelle le pardon accordé à ce moment précis, à lui, à mon père... Je renonce à comprendre les coïncidences qui se présentent. Je pense seulement que *le hasard n'existe pas, qu'il est un réseau immense de communications invisibles, dont nous ne connaissons pas encore les lois et qu'une relation mystérieuse relie toutes les forces de la nature, toutes les énergies de l'univers comme un grand cœur qui bat*[7]. Je me dis que, somme toute, la vie est plus merveilleuse que ce que j'avais imaginé, même en rêve.

— Ma femme était une personne très religieuse, poursuit mon père, heureux de se raconter. Oh, moi aussi, je suis dévot. C'est moi qui ai érigé le nouvel autel à l'église de mon village. Même que le prêtre m'avait donné la permission de déplacer la pierre d'autel, la pierre consacrée. Ma femme était très puritaine. Pour elle, le sexe était un crime... et elle ne voulait pas d'enfants.

— Je comprends pour ma mère, constatai-je à voix basse.

— Nous étions plus que *best friends* ta mère et moi. *I was crazy in love with her, my child, and it's more my fault than her fault if you are there, my dear soul.*

Une heure plus tard, lorsque Jérôme me rejoint, je suis heureuse de les présenter l'un à l'autre :

— *It's just the right size for a man*, s'exclame mon père en apercevant mon mari.

Au moment du départ, inquiet de l'hiver et de la longue route à faire, mon père me supplie de lui téléphoner dès mon arrivée.

— *You can't imagine the meaning of you in my life, my child. I'm a new man.*

Puis, confortablement assise dans l'auto tiède, rassérénée par l'insoupçonnable découverte de mes origines, je savoure la prodi-

prodigieuse richesse des qualités de cœur de mon père et je souris de notre égarement dans le quartier aisé aux demeures fastueuses.

* * *

Mes sœurs ont hâte de rencontrer cet homme si touchant, si facile à aimer. Madeleine, Michèle, Denise-Éva et Sylvia, mes fidèles amies, voient sous un autre angle ce changement majeur dans ma vie. Comme elles ont su le faire depuis tant d'années, elles réfléchissent avec moi.

— As-tu du mal à te faire à l'idée d'être nommée Marie-France par une nouvelle famille, Henriette?

— À vrai dire, j'aime plutôt ça. Je suis fière de ce premier prénom, Marie-France. Je le trouve jeune, moderne, dynamique et séduisant. J'avais envie de le porter, mais je me sentais ingrate envers mes parents adoptifs qui avaient choisi l'autre, Henriette; d'autant plus que ce prénom, Henriette, je l'aime bien, il est plus ancien, solide, il a fait ses preuves. Je croyais, à tort, que je devais n'en choisir qu'un. Voyez-vous, mes bonnes amies, au fond, mes deux prénoms, c'est comme mes deux mères, je n'ai pas à choisir; c'est seulement que je suis très choyée d'avoir deux prénoms et deux mères.

— Sans oublier tes trois pères et tes onze frères et sœurs, précise Madeleine. On pourrait dire que t'es «chanceuse», mais au fond, c'est la persévérance que tu as démontrée dans ton cheminement et l'évolution vécue côte à côte avec Jérôme qui t'ont rendue capable de voir avec les yeux du cœur.

— Et qui t'a rendue capable de pardonner, complète Michèle, surtout... de te pardonner.

Reconnaissante, je me laisse pénétrer par les paroles de mes amies. Je suis bien consciente que si des retrouvailles sont diffi-ciles, c'est d'abord à cause de la charge émotive qu'elles portent, à cause de la vulnérabilité universelle des enfants vis-à-vis de leurs parents et des parents vis-à-vis de leurs enfants, et enfin à cause des différences sociales établies par le temps, les années.

La grande souffrance de l'alcoolisme porteuse d'un mode de vie, de l'indéfinissable cadeau du pardon m'a rendue capable de voir au-delà des apparences, d'écouter avant de juger, de persévérer, d'aller au bout de ma démarche avant d'abandonner, de m'abandonner...

Je sais également que des retrouvailles, ce n'est pas seulement une rencontre, mais une relation que je construis, que je nourris et qui me nourrit. Je sais que chacun a aussi à porter le poids de ses origines, mais que la plus sordide histoire porte un germe créateur. La vie peut tirer l'ordre de ce qui semble le chaos.

— Sans le savoir, conclut Sylvia, pendant toutes ces années, tu amassais un héritage, tu te bâtissais une nouvelle vie, un nouveau sens à ta vie.

— Oui, un nouveau sens à ma vie... Un si long chemin! Un si bel héritage! À ce propos, j'aimerais vous faire lire une touchante poésie, offerte par ma bonne Louise D., la travailleuse sociale responsable de mon dossier.

L'HÉRITAGE D'UN ENFANT ADOPTÉ

Il était une fois
Deux femmes qui ne se connaissaient pas.
Tu ne te souviens pas de la première,
La deuxième, c'est celle que tu appelles ta mère.
Deux destins différents mis ensemble pour unifier le tien.
L'une est l'étoile qui t'a guidé
L'autre, le soleil qui t'a réchauffé.
La première t'a donné la vie,
La deuxième te l'a enseignée.
La première t'a donné le goût d'être aimé,
La deuxième était là pour t'aimer.
L'une t'a donné une nationalité,
L'autre t'a donné un nom.

L'une t'a donné le talent,
L'autre t'a donné un but.
L'une t'a donné des sentiments,
L'autre a calmé tes peurs.
L'une a vu ton premier sourire,
L'autre a séché tes larmes.
L'une a dû renoncer à toi
Elle ne pouvait pas faire autrement,
L'autre a prié pour avoir un enfant,
Et Dieu l'a conduit vers toi.
Et maintenant tu me demandes en pleurant
Les questions qui se posent depuis la nuit des temps :
L'hérédité ou l'environnement,
Qu'est-ce qui a marqué le plus ta destinée?
Ni l'une ni l'autre, mon enfant
C'est tout simplement deux amours qui t'ont formé.

* * *

Je choisis la fête du Renouveau, à la mi-avril, pour rencontrer mes nouveaux frères et mes nouvelles sœurs. Avec une délicatesse toute fraternelle, on s'est informé à l'avance de mes goûts, de mes aliments préférés.

Le soir de Pâques, à mesure que la maison d'Élyse et de Mathieu se remplit et que défilent sœurs et belles-sœurs, frères et beaux-frères, neveux et nièces, je pense à mes sœurs adoptives, à l'autre bout du Québec. À Christine surtout, qui a désiré si fort un frère qu'elle s'en est inventé un. Et voilà que moi, j'en ai trois.

«Ah! mon Dieu, me dis-je, ma petite Christine que j'ai tant bercée! Si elle était ici, je lui en prêterais bien un, de frère... Mais si elle est ma sœur et que j'ai trois frères, logiquement, mes frères sont aussi ses frères, et mes sœurs, ses sœurs...»

Au dessert, Julien, mon plus jeune frère, rouge d'émotion, me présente au nom de tous un panier de fleurs. Spécialement pour Christine, je le remercie en le prenant dans mes bras. Par cette marque de bienvenue, je perçois le respect et la reconnaissance que mes frères et sœurs éprouvent pour Élyse, *notre* mère. Sans amertume, je me prends à imaginer ce qu'aurait pu être ma vie au milieu d'eux. Comme si elle lisait dans mes pensées et profitant de quelques secondes d'accalmie, une de mes sœur se hâte de vérifier :

— Tu n'as pas été maltraitée au moins dans ta famille adoptive? me demande-t-elle, préoccupée.

Sa sollicitude est si grande que, sur le coup, j'aurais envie de lui relater tous mes déboires avec les alcooliques; je suis émue de ce souci inquiet d'un membre de ma nouvelle famille pour une des leurs; et dans les profondeurs de mon être naît le désir d'être rétablie, réinstallée dans cette famille, dans ma famille, comme après un long voyage dans un pays étranger.

Le temps, l'espace d'un coup de baguette magique et j'entrevois que ma nouvelle famille est aussi la famille de toutes mes sœurs adoptives et que lorsque Christine rencontrera sa mère grecque de l'autre côté de l'océan, cette mère sera aussi un peu la mienne, un peu la nôtre à nous cinq! À nous onze! Et en parlant à un de nos pères, Alexis, c'est l'anglais qu'on choisira, et à une de nos mères, c'est en grec qu'on s'exprimera.

Mon cœur comblé s'ouvre à une dimension inouïe. Dans une lumière étourdissante, je me sens partie prenante de la fraternité internationale.

Dans un élan fabuleux, j'évoque un rassemblement colossal, démesuré, ralliant les familles retrouvées de chacune de mes sœurs, mais aussi réunifiant des familles multi-ethniques. Puisque dans le cœur humain, l'éternelle question «D'où je viens?» se posera toujours, les enfants de l'adoption internationale demanderont, susciteront des retrouvailles internationales. Il y a l'adoption internationale, il y aura les recherches internationales, il y aura les retrouvailles internationales. Je m'y engage.

* * *

Lorsque je quitte Élyse, le matin du 18 avril, elle me remet mon premier cadeau d'anniversaire, une plume gravée à mon premier prénom : Marie-France. Cadeau chargé de symbole puisque j'ai décidé d'écrire mon histoire, de faire connaître mon projet démesuré.

* * *

J'hésite à céder au souhait de mes sœurs, qui insistent pour présenter mes parents biologiques à nos parents adoptifs. Lourdement hypothéquée par l'alcool, la santé d'Henri se détériore à vue d'œil. Lorsqu'il nous quitte définitivement, un matin de mai 1994, je suis reconnaissante à Jérôme d'avoir accepté de lire à l'église, devant tous nos parents et amis, un hommage que j'avais préparé pour lui.

HOMMAGE À HENRI, MON PÈRE

Nous tous, qui avons connu Henri, savons que cet homme parlait peu. Aujourd'hui est sa dernière journée parmi nous. Nous allons donc lui laisser la parole.

Je suis né le 12 mars 1919, juste après la première guerre.

Ma mère, Gracia Bourque, mourut deux ans après ma naissance.

Elle laissait mon père Arthur et aussi trois petites filles : Cécile, Thérèse et Alice.

Mon père s'est remarié avec Évelyne qui lui donna quatre autres enfants : Rita, Lucienne, Émilien et Jean-Paul.

À quatorze ans, j'ai quitté la famille pour la conquête du vaste monde.

Pour douze dollars par mois, un cultivateur m'engagea comme homme à tout faire.

Par esprit d'aventure, je me suis retrouvé quelques années plus tard matelot, puis homme de roue sur un bateau de cinq cents tonnes qui faisait la navette entre Sainte-Thérèse de Sorel, Montréal et Sainte-Émilie de Lotbinière. Trente dollars par mois, bien nourri, logé.

L'hiver 1936, je reviens sur la terre ferme travailler comme bûcheron.

En 39, à Montréal, je rencontre Maurice Parenteau; il monte une compagnie de transport, je travaille ainsi sur la route, j'adore ça.

En 39 aussi, la guerre éclate. Je deviens simple soldat dans l'infanterie de l'armée canadienne pour le Royal 22e Régiment.

Presque en même temps, je rencontre une belle jeune-fille, Rose B., j'ai le coup de foudre.

Je l'épouse.

Rose désire emmener avec elle une petite fille que je souhaite adopter.

Mon régiment traverse en Angleterre.

Parce que je savais recevoir des ordres et en donner, je suis promu caporal, puis sergent-instructeur.

La guerre terminée, Rose et moi achetons une maison à l'Islet au bord du fleuve.

En 46, nous décidons d'adopter une petite fille. On la nomme Henriette.

Pour répondre aux besoins de la famille qui grossit, je deviens propriétaire d'un commerce.

En 51, Henriette veut une petite sœur, on adopte Micheline.

En 54, je retourne à Montréal, dans le transport. Je deviens contremaître. J'ai cinquante chauffeurs de camions sous mes ordres.

En 60, c'est Micheline, cette fois, qui demande une petite sœur, on adopte Christine.

En 67, Rose ouvre encore ses bras pour une autre petite fille, Brigitte.

Par un projet du gouvernement provincial, je termine ma carrière de conducteur en véhiculant des personnes handicapées.

Tout compte fait, j'ai eu une belle vie, et comme je le disais à ma fille Henriette, qui a recueilli ces propos, ce qui compte dans la vie, c'est de faire quelque chose que l'on aime et de persister.

Tous, vous vous souvenez sûrement combien j'aimais fêter; je vous attends donc pour célébrer la plus grande de toutes les fêtes. À ceux qui restent, ma femme, mes filles, mes petits-enfants, mes sœurs, mon frère, je dis :

Au revoir.

Henri.

Avant de m'enlever mon père Henri, la vie avait pris soin de m'en donner deux autres, Mathieu et Alexis.

* * *

Je finis par m'incliner devant les pressions de mes sœurs adoptives. Moi qui crains de créer l'irréparable, j'en arrive à me ranger à l'avis de Marcelle.

— Tu sais bien, Henriette, que maman ne se sentira pas menacée par l'arrivée d'un nouveau père dans ta vie. Pour elle, un père, c'est un homme absent. Rien de bien dangereux, rien de bien menaçant.

Et finalement, Micheline a raison de mes dernières réticences :

— Tu n'es pas honnête, Henriette, si tu tiens maman en dehors de cette partie de ta vie, me dit-elle en toute simplicité. Moi, je ne recherche pas mes parents biologiques, mais si c'était le cas, j'en parlerais à Rose.

Tout se passe comme mes sœurs l'avaient prédit. Aux grandes fêtes, les rassemblements familiaux se trouvent facilités. Plus d'alibis à inventer, tout le monde est là. Comme il le fera à chacune de leurs visites, en rencontrant Rose, mon père Alexis embrasse avec effusion ses mains. Rose sourit en hochant la tête :

— Il est bien gentil cet homme; dommage qu'il ne parle pas français!

Alexis est dur d'oreille et Rose ne parle pas anglais... mais tout est bien ainsi. Quelques mois plus tard, aux temps des moissons, à la fin d'août, une fête champêtre rassemble la famille de Jérôme et la mienne. J'y amène Rose et Alexis.

Au bout de l'allée du jardin, Marcelle nous regarde arriver. Elle nous attend et nous accueille. Pendant quelques mètres, je marche lentement, m'efforçant, par de longues inspirations, de contenir mon cœur en liesse : appuyée à mon bras droit, Rose; au gauche, Alexis. Moments de félicité inimaginables pour une enfant adoptée que d'être ainsi entre sa mère adoptive et son père biologique. C'est plus que mon imagination et mon cœur avaient souhaité. Je me sens parfois presque honteuse de recevoir autant de bienfaits. À d'autres moments, je m'effraie et je m'alarme. J'ai peur de tout perdre, je crains qu'un drame ne vienne annihiler mon bonheur. Il ne doit pas être permis d'être aussi heureuse.

Pourtant, je suis maintenant bien consciente que, comme tous les êtres humains, je suis venue au monde pour choisir le bonheur à chaque minute, à chaque seconde de ma vie.

Mon engagement dans le projet de retrouvailles internationales me donne l'occasion de vivre ma joie et de la multiplier en la partageant. Je veux devenir «contagieuse de joie».

Les paroles de mon père Alexis sont aussi une source de joie, un réservoir inépuisable de félicité. Je les savoure, je m'en nourris comme d'un mets rare. Quelquefois, je les note dans un carnet pour les conserver dans ma mémoire, mais aussi parce qu'elles renferment la sagesse de son grand âge et de son immense amour. Ainsi, lorsqu'il berce le bébé de Christine, je voudrais immortaliser cet instant. Je vis, par personne interposée, des moments qui m'ont toujours manqué. Lorsque je fais remarquer à mon père la chance qu'a cet enfant, il me répond avec un sourire amusé :

— Tu es encore mon bébé. C'est seulement que tu es un gros bébé.

Il a tout compris.

— Je croyais avoir commis une grande faute avec Élyse, ta mère, et que Dieu allait me punir, dit-il pensivement, après quelques instants de réflexion. Mais Il t'a envoyée vers moi. Je donnerais les quatre-vingt-dix années de ma vie pour une seule minute passée avec toi, mon enfant.

* * *

Dans son atelier de charpentier, au gré de son imagination et selon ses capacités, Alexis me fabrique des cadeaux. Il m'offre ainsi tour à tour un coffre en cèdre, une berçante et un prie-Dieu. J'ai cherché à comprendre, à décoder le message que son cœur de père voulait ainsi me transmettre. Le prie-Dieu, dimension spirituelle qui comble ce vide, cette béance dans le cœur humain; la berçante qui console, guérit les peines; le coffre, conserve la mémoire des choses, le patrimoine et m'ouvre à l'abondance des biens matériels. Alexis m'a d'ailleurs dit, en me présentant le coffre :

— C'est pour y mettre tes choses précieuses, mon enfant. Tu vois, j'y ai déjà mis la photo de ta fille. J'ai pensé que, comme c'est le cas pour moi, ce que tu as de plus précieux, c'est ta fille.

Il a raison, mon père; ma fille est précieuse pour moi, ainsi que mon fils, ainsi que leur père. Précieux, lui aussi, mon père. Précieux mes deux autres pères, mes deux mères, mes onze frères et sœurs. Précieux mes amis, mon travail, mes projets. Précieuse ma vie...

Ma vie qui a commencé dans le ventre de ma mère, au temps de la canicule de l'été 45, dans un petit village du bord de mer.

De l'amour, je pris forme.

Chapitre sept

UN SENS À MA VIE

Vous ne devez pas brûler comme un charbon,
mais comme une lampe,
vous devez à la fois brûler et éclairer.
Jeanne Bourin, *Très sage Héloïse*

C E SOIR, J'ACHÈVE LE LIVRE DE MA VIE. *Je l'ai écrit pour comprendre ma vie, pour comprendre la Vie. Je l'ai écrit aussi pour vous, pour essayer d'être utile[8].*

Je sais que la souffrance existe, elle est à côté de moi, elle m'entoure et je l'entoure; mais à trop en parler, elle nous possède.

Je sais aussi que le bien existe et que sa force est de tirer le bien du mal.

J'ai besoin de ceux qui *dénoncent* les horreurs, les injustices. Mais, peut-être parce que j'ai été tellement aimée, je me sens faite pour *annoncer* la joie, le plaisir, le pardon, la paix.

Je ne veux pas demeurer impuissante et me laisser piéger par des discours parlant de famine et de guerre; je veux chercher une réconciliation plutôt que de laisser venir les catastrophes.

Avec ce livre de ma vie, je vous ai emmenés sur mes chemins de croix et sur mon chemin de joie; avec ce livre de ma vie, je tends aussi aux autres un projet dans lequel j'engage le reste de ma vie : celui de «Retrouvailles internationales».

En cette fin de millénaire, à l'aube des années 2000, j'aime croire que les enfants de l'adoption internationale souderont les cœurs déjà unis des mères adoptives américaines aux mères biologiques du Viêt-Nam, du Guatemala, du Rwanda... ou de Tchernobyl. En retrouvant leurs origines, ces enfants tisseront des liens pacifiques entre toutes les nations de la terre. Ces enfants qui rêveront d'un monde sans guerre ni famine et qui nous demanderont «Pourquoi»? nous communiqueront leur désir d'un monde meilleur.

Si, comme je l'espère, ce livre a pu vous donner des espoirs, des pardons, des commencements de réponse, *alors je vous demande, mais sans doute l'aurez-vous compris déjà, de le faire connaître*[8].

Un montant de 0,50 $ sera retenu sur les profits de chaque volume vendu et contribuera à la création d'une Fondation Retrouvailles internationales.

L'efficacité des moyens de communications modernes, jointe aux possibilités toujours croissantes de la médecine et de la génétique, s'accorderont et deviendront les voies d'accès à des concordances pour des retrouvailles sans fin.

Notre première mission, en tant qu'êtres humains, c'est d'aller vers les autres pour communiquer, pour mettre des choses en commun, pour se relier.

Chers amis lecteurs et lectrices, je ne peux clore ce dernier chapitre sans vous dire combien je serai heureuse de poursuivre avec vous le dialogue amorcé ici. Si vous le désirez, vous pouvez communiquer avec moi en m'écrivant à l'adresse suivante :

Henriette Labarre
55, Saint-Sylvestre, app. 203
Longueuil, Qué.
J4H 2W1

Courrier électronique : gauthipa @ ere. UMontreal. CA

RÉFÉRENCES

DEUXIÈME PARTIE

1. Ginette Paris, *La Renaissance d'Aphrodite-La mythologie Masculine,* Boréal Express.

2. Formation PRH Inc., organisation internationale de formation et de recherche, 7, rue des Feuillants, 86000 Poitiers, France. Québec : (819) 563-3033.

3. Marguerite Yourcenar, *Les yeux ouverts,* Éditions Gallimard.

4. Christian Bobin, *L'Épuisement,* Éditions Le Temps qu'il fait.

5. Anne Philippe, *Un été au bord de la mer.*

6. *Propos du docteur Carl Sementon : Guérison des souvenirs,* Matthieu et Deniss Lynn. Pour l'édition française, Desclée de Brouwer, 1987.

7. Jacques Salomé, (notes d'un séminaire, 1995)

8. Martin Gray, *Le livre de la vie,* Éditions Robert Laffont, 1973.

9. Colette Portelance, *Relation d'aide et amour de soi,* Éditions du CRAM, 1990.

10. P. Gauthier, *Les pensées du Bonheur,* Tome I, Éditions Trustar, 1996.

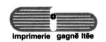
imprimerie gagné ltée